BIBLIOTECA
PILAR SORDO

LA LIBERTAD DE SER
quien soy

El largo camino de vencer culpas, miedos
y mandatos que nos impiden vivir en
equidad valorando las diferencias

PILAR SORDO

LA LIBERTAD DE SER
quien soy

El largo camino de vencer culpas, miedos
y mandatos que nos impiden vivir en
equidad valorando las diferencias

OCEANO

LA LIBERTAD DE SER QUIEN SOY
El largo camino de vencer culpas, miedos y mandatos
que nos impiden vivir en equidad valorando las diferencias

© 2019, Pilar Sordo
c/o Schavelzon Graham Agencia Literaria
www.schavelzongraham.com

Diseño de portada: Estudio Sagahón / Leonel Sagahón
Fotografía de la autora: © Marisa Bonzon

D. R. © 2020, Editorial Océano de México, S.A. de C.V.
Homero 1500 - 402, Col. Polanco
Miguel Hidalgo, 11560, Ciudad de México
info@oceano.com.mx

Primera edición en Océano: enero, 2020

ISBN: 978-607-557-112-6

Impreso en México / Printed in Mexico

A todos los hombres y mujeres que trabajan diariamente por un mundo más noble, equitativo y justo. Gracias por ayudarnos en el camino de descubrir quiénes somos.

Índice

INTRODUCCIÓN

A lo largo de este año me he preguntado muchas veces por qué me he demorado tanto en escribir este libro —teniendo la mayor parte de la información organizada en carpetas y totalmente a la mano— y apenas hace pocos días encontré una respuesta que me hace sentido.

Es verdad que el 2018 no fue un año fácil, nada fácil. Fue duro, doloroso, pesado y difícil de transitar, lo que me tuvo ocupada en reconstruirme más hacia dentro que hacia fuera. Me faltaba fuerza, voluntad y energía para enfrentarme a este desafío y, aunque parezca loco, la respuesta está en el título de este libro.

Ustedes ya saben que yo sueño el título de mis libros, y en este caso no fue distinto: en una primera instancia, este proyecto me hacía sentido como una actualización de *¡Viva la diferencia!*, pero después entendí que independientemente de toda la información que les compartiré y de los muchos y muchas que colaboraron en esta caminata, *La libertad de ser quien soy* también era un camino que estaba recorriendo yo y que necesitaba avanzar en él para poder compartirlo.

Como les comenté, este estudio empezó siendo una actualización de un libro que se escribió, literalmente, el siglo pasado, y ha sido, de mis ocho libros, el más exitoso y el más traducido en el mundo. Pasados los años y en el actual escenario en que nos encontramos en términos del rol de la mujer y las nuevas demandas por nuestros derechos, me di cuenta de que *¡Viva la diferencia!* se fue quedando obsoleto en muchos sentidos; me parece machista y reduccionista en relación con los cambios que hoy ocurren y que me tiene muy contenta que se estén produciendo. Este libro empezó siendo eso, pero, nuevamente, tanto la gente como los cambios sociales —así como mi propia experiencia— me llevaron un poco más allá. *La libertad de ser quien soy* terminó siendo un camino hacia dentro de cada uno de nosotros, una revisión de un trayecto que cruza los miedos, las culpas, los mandatos religiosos y patriarcales que nos atraviesan a todos y todas, y que nos impiden aplicar en lo más profundo el llamado que hace el título de este libro. Cuando se lo comenté a una persona que participó en la investigación, me dijo, irónicamente riendo: "¡Qué fácil llegar a eso! En eso nos pasamos la vida, intentando ser lo que realmente somos por sobre la educación y lo que el resto espera de nosotros".

Mejor dicho, imposible, y ésta es la invitación que abre esta caminata: quiero que viajen conmigo y que nos metamos hacia dentro, que busquemos el silencio y podamos "tocar" el alma de nuestra identidad para darle forma y, desde ahí, salir para poder ejercer el derecho humano más básico, que es llegar a ser lo que de verdad somos, una aventura que muchos de los que parten de esta tierra no llegan a descubrir; ojalá nosotros y nosotras podamos hacerlo.

Si bien he tenido una vida con todo lo que se necesita de dolor y de alegría, apenas entiendo que este año ha sido uno de los más duros y que el camino recorrido es la causa de mi retraso y mi lentitud para escribir este libro. Junto con la investigación, que tiene ya casi cinco años, había un sendero que tenía que recorrer y aprender para sentarme a escribir, y que espero con toda humildad poder explicárselos y compartirlo con todos y todas para que puedan viajar conmigo por este laberinto que es llegar a decir que tenemos la libertad de ser quienes somos.

En su inicio, este libro fue planteado como uno para mujeres que mostraba los cambios históricos de los últimos tiempos en este camino hacia la libertad y la igualdad, pero me pareció insuficiente. Sentí que si lo hacía así, perpetuaba el modelo de lo masculino, en el que otra vez somos las mujeres las que reflexionamos, las que discutimos los temas y analizamos lo que nos pasa, mientras los hombres siguen sin sentarse un minuto a pensar qué les pasa a ellos y cómo este modelo social también les liquidó la vida y les quitó la libertad y la posibilidad de reflexionar sobre temas que nos afectan a todos. Creo que llegó el momento de que los hombres también discutan qué les pasa con la violencia, con el poder, con la sexualidad y la expresión de sentimientos.

Éste es un libro para todos y para todas y lo digo así porque, aunque a algunos les moleste, es un ejercicio mental interesante y necesario de practicar.

A lo largo del libro, cada capítulo aborda un elemento que nos ha hecho perder la libertad de ser quienes somos;

algunos se conectan con otros de mis libros, pero cada uno
es necesario para entender todas las barreras que tenemos
que superar para que, por lo menos desde el interior, nos
sintamos un poco más como de verdad somos, y no como
nos moldearon.

Así, cada capítulo es como una capa —que van desde dentro hacia fuera— que hay que romper para avanzar.
Seguramente, algunos capítulos les harán más sentido que
otros, lo cual es lógico, ya que no todos tenemos que romper las mismas barreras; esto dependerá de nuestra historia
y de los mandatos con los que fuimos moldeados.

A mí también me pasó al escribirlo: hay capítulos que
me estremecen más que otros y algunos que me resuenan
en algunas etapas de mi vida y los demás en otras.

Así, ustedes viajarán, recordarán otros libros míos, se
emocionarán y se sentirán interpelados con los distintos
contenidos que aquí aparecen. Es una aventura difícil, un
desafío como lo es todo cambio de verdad.

Les agradezco por estar ahí y ojalá disfruten de *La libertad de ser quien soy* y que los acompañe como lo ha hecho
conmigo.

Capítulo I

¿De qué estamos hablando?

Lo primero que creo que hay que hacer es definir el concepto que implica este libro, y la respuesta más honesta y exacta para mí cuando empecé a escribir es: "No sé". Era una sensación como de no ataduras, de libertad interior, que cada uno y una de ustedes tendrá que encontrar para iniciar este viaje. Me parece muy arriesgado y en cierta medida soberbio definir qué es esa libertad, pero después de oír a cientos de personas, más mi propio proceso de escucharme, parece ser algo así como vivir de manera consciente y sin esos miedos que nos impiden desde concretar sueños hasta tomar decisiones que nos cortan nuestras alas para seguir cumpliendo nuestra tarea en esta tierra.

Aquí ya nos encontramos con nuestro primer gran problema: ¿sabemos cuál es nuestra tarea?, ¿vivimos en sintonía con cómo nuestro interior nos dice que tenemos que vivir?

La verdad es que cuando esas preguntas se pusieron sobre la mesa había muchos y muchas que reconocían una voz que les hablaba dentro y que a veces escuchaban y otras no, porque eran consumidos por miles de barreras que les impedían conectarse con ese mensaje. En resumen, se arrancaban esa "voz interior", básicamente por miedo y, por lo tanto, llegaban a preferir no preguntarse nada para no tener que tomar decisiones.

La misión de descubrir, por ejemplo, nuestra vocación o el más profundo sentido de la tarea que tenemos en nuestra vida debería ser el cometido número uno de la familia y de la escuela, donde se nos debiera reforzar nuestro mundo interior para que podamos ir en busca de nuestras pasiones. Pero en un mundo que privilegia lo cognitivo y lo académico por sobre lo emocional o espiritual, se hace una tarea más difícil de lograr.

Al final, es la misma vida con sus "sorpresas" la que nos va enseñando estos caminos, muchas veces a contrapelo, pero que se nos van presentando de manera inexorable para que desarrollemos las habilidades emocionales que no nos entrega la educación formal ni la informal.

Creo además que llegar a responder la pregunta por la libertad implica mucho recorrido de vida y, por eso, de acuerdo con lo conversado y estudiado, siento que esa respuesta, en el sistema en que funcionamos, podría llegar a nuestras vidas, en promedio, alrededor de los cuarenta años; desde ahí se va redefiniendo según cómo procesemos lo vivido.

Esto no quiere decir que un niño o una niña, o un o una adolescente no puedan sentir esa libertad; muy por el contrario, dentro de la realidad de cada historia es posible experimentar esa sensación de libertad muchas veces de forma intermitente y según las pautas educativas que nos fueron entregadas.

Lo que parece que es fundamental es haber tenido aprendizajes de humildad y ponerse —en lenguaje tecnológico— en modo "alumno(a) de la vida" y nunca como "graduado(a)". No perder la capacidad de sorpresa, de ese niño o niña interior que todos tenemos y que está esperando que nuestro adulto(a) trabaje para cumplir sus sueños.

Creo que para desmenuzar el título de esta aventura también es fundamental plantear las siguientes preguntas: la libertad, ¿existe o no? ¿Podemos elegir en todos los aspectos de nuestra vida y hacer lo que queramos? Lamentablemente, la respuesta a estas preguntas es que no, no creo que podamos ser totalmente libres; de hecho, pienso que al nacer ya traemos cierta predisposición genética que nos llevará a funcionar en la vida de cierta manera y no de otra. Al poco andar en nuestro desarrollo empezamos a vernos, de cierta forma, "domesticados", lo que nos va haciendo perder día a día nuestra libertad para sentir y vivir.

En mis otros libros, particularmente en *Educar para sentir, sentir para educar*, quedó muy claro cómo desde bebés nos "educan" para no reírnos fuerte, para no llorar, para no ser demasiado expresivos ni decir que tenemos miedo, así como, por supuesto, cuidar nuestra forma de expresar el amor por ese estúpido argumento de quedar vulnerable frente al otro.

Bajo todo este condicionamiento que comienza casi con nuestros antepasados, la aventura de la libertad se nos hace cada vez más lejana, entendiendo la libertad no como hacer siempre lo que uno quiere, porque está totalmente probado que la gente que funciona así no desarrolla la empatía, es prepotente, egoísta y vanidosa, además de caprichosa e insaciable.

En este sentido, parecería que la libertad es un juego permanente entre mi propio placer y el poder dar lo mejor de mí a los otros; es un equilibro entre el quiero y el puedo. Bajo este paraguas es fundamental que nos hagamos preguntas siempre, lo que en un principio nos llevará al caos, para desde ahí sacar lo mejor de nosotros. Lo de las preguntas es un tema al que volveremos posteriormente en este recorrido.

De esta manera, la incógnita que nos convoca es más complicada de lo que parece: ¿cómo llego a ser lo que soy y ejercer esa libertad sin romper con mi educación y un sistema que, casi desde el nacimiento, lo que menos quiere es que sea libre?

¿Cuáles son los miedos, las culpas y los mandatos que nos impiden llegar a este equilibrio? Hago la salvedad de que hablo de un equilibrio temporal, porque no creo que podamos tenerlo en forma permanente; a lo que aspira este libro es al menos a saber cuándo estamos viviendo en él y cuándo lo perdemos.

La palabra clave es conciencia y, la misión, aprender a desprogramar todo lo que nos enseñaron para desde ahí encontrar una fórmula personal, única e intransferible, siempre centrada hacia dentro, de buscar nuestra libertad.

En un mundo hiperhedonista y supertecnológico que nos lleva a estar todo el tiempo en la adrenalina de lo externo y con mucho miedo a mirar nuestro interior por no saber qué podemos encontrar, el camino hacia la libertad es brutal.

Démosle una mirada, por ejemplo, a nuestras casas. ¿No les da la sensación de que son lugares poco vivibles, que a ratos parecen casas "de muestra", donde siempre hay aparatos encendidos para que se escuchen otras voces y no las nuestras?

Cada vez hay más miedo al silencio por lo que éste nos pueda mostrar, pero al mismo tiempo me llama mucho la atención cómo cada vez con más fuerza el silencio se necesita y se busca. Es como si esa voz interior estuviera haciendo todo lo posible por ser escuchada; incluso nuestras enfermedades podrían ser un llamado con ese mismo objetivo.

Vivimos en una pelea constante entre el ruido y el silencio, entre querer escucharnos y evadirnos. El "sistema" nos dice que debemos disfrutar y estar contentos permanentemente, pero hay algo dentro que nos dice que necesitamos otras cosas para poder adquirir ese estado de paz, tranquilidad y armonía que parece ser la felicidad real y no la que nos han vendido desde la alegría.

Sin duda nos metemos en un tema complicado, ¿no les parece? Mi eslogan durante mucho tiempo fue "para qué hacer las cosas fáciles, si las podemos complicar". Éste es uno de los tantos mandatos que nos han hecho la vida más difícil de lo que es y que hay que reprogramar.

Vamos a intentar simplificar al máximo todo, para que vayamos encontrando el camino para mirar hacia dentro sin que cueste tanto y que nos lleve a donde tenemos o queramos ir.

Lo primero que tendremos que identificar son los obstáculos que se interponen en este camino. Sin duda, el primero es la ignorancia, la cual es la madre de todos los prejuicios, ya que mucha gente prefiere quedarse con "verdades a medias" que preguntar para así romper las barreras que nos distancian. Esto pasa con la pobreza, con la igualdad de género, con el color de la piel y tantos otros temas, en los cuales, si bien hemos avanzado, estamos lejos de entender e incorporar de manera positiva.

En este contexto, hay un concepto que hay que revisar y es el de la *diversidad*. Todos y todas estamos de acuerdo en que la aceptación de la diversidad en toda su magnitud es la consigna de este siglo y que las "buenas personas" lo tienen integrado en su forma de vida. Sin embargo, como en muchos de los temas que revisaremos en este libro, aquí hay un asunto generacional y cultural; efectivamente, a las generaciones más jóvenes, sub-35, les resulta mucho más fácil convivir con la diversidad desde la más profunda honestidad y no sólo desde el discurso, como sí lo es para un grupo grande de personas mayores que corresponden al sector más conservador de la sociedad, a quienes los cambios les aterran y quienes están llenos de miedos y prejuicios que desde su propia historia pueden tener sentido, pero que en estos tiempos están obsoletos. Estas personas requieren una adaptación urgente hacia la igualdad real.

Seguimos construyendo casas iguales, cortándonos el pelo casi de la misma forma, vistiéndonos más o menos con las mismas tendencias, con el fin de formar nuestra identidad según la clase social a la que pertenecemos. Tenemos un gran miedo a salir del "molde", a los mandatos que desde fuera nos dicen cómo debemos vivir. Esto hace crisis cuando la diversidad toca nuestra puerta y no la de otro; en esta instancia se nos acaba el discurso y aparecen los miedos que nos llenan de barreras y de prejuicios.

El saber que tenemos un hijo gay o una hija lesbiana,

si bien cada vez menos, sigue siendo un terremoto familiar; el que un hijo o una hija llegue con una pareja de otro nivel socioeconómico o de otro color de piel también moviliza a todos dentro del ámbito familiar. Incluso si esa persona no se ajusta a los cánones de marketing de belleza, peso, educación, etcétera, también se nos mueve el piso. Es muy llamativo cómo en muchos colegios se castiga literalmente el ser "muy distinto o distinta" a la mayoría.

Seguramente, muchos y muchas estarán pensando que así es la vida y que soy ingenua al creer que esto se puede cambiar. Probablemente tienen razón, pero creo que por lo menos el entender que la ignorancia, los dobles discursos y los prejuicios son una limitación para llegar a ser lo que somos es ya un gran avance.

Nos educan desde pequeños para mirar hacia fuera, más aún, nuestro cuerpo está orientado hacia el exterior: nuestros ojos, piernas, brazos y manos están puestos para servir en lo externo, por lo que hacer el trabajo inverso es un desafío interesante, pero costoso y que nadie nos enseña a desarrollar.

Desde niños, nuestros aprendizajes tienen que ver con hábitos, muy importantes, por cierto, pero son hábitos que nos llevan a cumplir con los requerimientos sociales necesarios para poder funcionar y malamente adaptarnos a los circuitos sociales de acuerdo con lo esperado. Pocas veces se educa en las emociones, en saber codificarlas desde el cuerpo y expresarlas, y mucho menos se nos educa en la reflexión, la meditación y el silencio, para que desde pequeños entendamos que el aprendizaje real y profundo va desde el interior hacia fuera, y no al revés.

A poco andar nos trasformamos en seres reactivos al medio y no en creadores de la realidad. Desde ahí va a ser siempre más fácil pelear con el mundo, criticar lo externo. Aquella frase que dice que el césped del vecino es más verde que el nuestro es muy cierta, porque al estar pendiente del césped del vecino dejo de cuidar el mío que, por lo tanto, se muere o se seca.

No hay mejor signo de nuestra pobreza interior que el chisme, la envidia y el fijarse en la vida de los demás, estando igualmente en falta el que echa a correr el chisme como el que lo escucha. Parece que nos cuesta mucho centrarnos en nosotros; todo nuestro sistema refuerza esa mirada externa y no la que nos hace mirarnos hacia dentro.

Aquí nos encontramos con otro concepto que me interesa trabajar y que en los talleres fue muy importante: el de enemigo interno. El enemigo interno es nuestra real pelea en la vida; son aquellos temas con los que estamos luchando permanentemente, incluso sin darnos cuenta. Ejemplos de él son la ansiedad, el egoísmo, el orgullo, la impaciencia, el desorden, la flojera, la fuerza de voluntad y la timidez, entre tantos otros. Espero haber mencionado algunos de los de ustedes; los míos están en esta lista, pero seguramente hay muchos que me faltaron y que ustedes saben cuáles son.

Estos enemigos nos acompañan toda la vida, y si uno profundiza en ellos concluirá que son solamente miedos. Miedo, por ejemplo, a la falta de afecto, a la desaprobación o a fracasar (suponiendo que este concepto existe, cosa que no creo que sea así). Los miedos nos limitan en la libertad de mirarnos y de actuar en consecuencia con lo que encontremos en nuestro interior.

Lo que la gente descubre cuando trabaja este concepto es que cambia de tema con los años; es como si se vistiera distinto dependiendo de la etapa de la vida y de las condiciones que les toca enfrentar. Así, por ejemplo, la ansiedad puede materializarse en la comida, el ejercicio, las compras, etcétera, siendo el tema de fondo la misma batalla.

La clave para convivir con nuestro enemigo interno es, primero, reconocerlo para luego aceptarlo. Cuando se pongan a mirar en el fondo de su ser, van a ver el miedo que lo sustenta; una vez reconocido, el paso siguiente es aceptar que éste puede ser un compañero de viaje, para lo cual es fundamental dejar de verlo como un enemigo. Es necesario amigarse, llegar a querer ese miedo y aprender a convivir con él. Lo peor que podemos hacer es estar en permanente pugna con nuestros miedos, porque agregamos angustia y culpa, elementos que son el alimento primordial para que estos "enemigos" crezcan e invadan nuestra vida.

No estoy segura de que este proceso se termine a lo largo de la vida, lo que sí puedo garantizarles es que con conciencia y años de autoconocimiento se aprende a caminar en paz con esos enemigos internos.

Me parece importante desglosar algunos de los mandatos que tenemos internalizados y que impiden este trabajo y nos limitan nuestra libertad interior. Uno de ellos tiene que ver con que lo bueno de la vida es escaso. "De lo bueno, poco", como reza el dicho... ¿quién inventó semejante estupidez? ¡De lo bueno, mucho!, y ojalá trabajemos para que dure lo más posible. Tenemos que liberarnos de esa visión en que el sacrificio y el dolor son la única forma de crecer y ser mejores personas. ¿Por qué no nos enseñan que desde la alegría profunda y el disfrute también se aprende?

Todos estos aprendizajes, sin duda, están marcados por una cultura judeocristiana que plantea un modelo patriarcal, basado más en el dolor que en la alegría y que nos quitó la libertad de descubrirnos porque había que vivir desde la norma para poder sentirnos "buenos".

Éste es el modelo que nos enseñó que vivir es "un valle de lágrimas", que para parir, como "castigo", nos tendría que doler, que "la letra con sangre entra", que las cosas malas no vienen solas sino en tercios, que el trabajo es con "sudor y lágrimas", entre tantas otras consignas que nos llevaron a idealizar el dolor como única forma de aprendizaje.

Tengo que reconocer que yo fui marcada a fuego con estas creencias y ha sido un hermoso trabajo ir anulándolas en mi cabeza y corazón. Cuando hablemos del género, veremos que hay otros mandatos que son horrorosos y que marcan muchas vidas, como eso que se dice en Chile: "Quien te quiere te aporrea", que valida la violencia como forma de ejercicio de poder en la relación.

La lectura que se ha dado de todos estos aprendizajes ha sido invalidante, coercitiva y limitante, pero hay muchas personas que prefieren esta estructura a no tenerla, ya que su ausencia genera un miedo espantoso a la autodefinición.

Pareciera que liberarse de estos mandatos es casi imposible y a muchos y muchas les dará vértigo, pero es fundamental para poder explorar cuántas Pilar Sordo existen, cuáles se crearon para agradar, cuántas para protegerme de los miedos, cuántas son mi esencia más profunda y cómo, o no, las dejo salir.

Esta estructura que estamos analizando trae consigo un nuevo mal: la culpa de estar bien y de decirlo. Pareciera que nos da miedo reconocer que estamos bien, que estamos felices, porque nos enseñaron que lo bueno dura poco y que todo se acaba. Por eso las buenas noticias no se cuentan; nos da miedo contarlas porque de esta manera "se dispersa la energía o se generan envidias", cosa que puede ser cierta energéticamente, pero que ayuda a construir una cultura que sólo habla de lo negativo y que nos quita libertad de soñar.

Les quiero contar una anécdota que ocurrió en una de mis caminatas y que ayudará a ilustrar lo que les he querido explicar. Estaba en una cena con una familia compuesta por un papá, una mamá y dos hijos varones, uno de doce y el otro de diez años. En medio de la comida el papá le dice a la mamá que por qué no les cuentan a los niños una sorpresa que les venían preparando, todo esto para que yo compartiera el proceso.

La mamá le contesta que encantada y entonces el padre les dice a los niños que con la mamá habían hecho un esfuerzo muy grande, y que creían que irían a pasar Navidad y Año Nuevo a Disney. Debo aclarar que esto sucedió en el mes de julio.

A los niños se les desorbitaron los ojos y, obviamente muy emocionados, se pusieron a preguntar detalles del futuro viaje, frente a lo cual el padre les advierte que no le pueden contar a nadie, porque puede no resultar. Mi cara de asombro al ver la expresión de los niños no se las puedo describir...

Al día siguiente —en estos regalos que me dan mis caminatas— tenía que ir al colegio de estos niños y entrar en el recreo porque observaba a unos adolescentes para otra investigación. Cuál sería mi sorpresa al no encontrar a estos niños; me puse a buscarlos hasta que los ubiqué detrás de un árbol a los dos solos.

Cuando me acerco asombrada, preguntándoles qué hacían ahí, el menor, a quien amo, me dice: "Es que estamos ahogados, Pili. Hoy en la mañana mi mejor amigo me preguntó por qué me veía más contento y yo aterrorizado le contesté que no pasaba nada".

Frente a esto, el mayor añade: "Estamos en julio, Pilar, ¿cómo hacemos para llegar hasta diciembre con este secreto? Por eso, mi hermano y yo decidimos pasar los recreos juntos para así no cometer ningún error que pueda arruinar el viaje".

El menor remata el diálogo con: "No sabemos si contar o no; si lo decimos y se arruina el viaje, nos vamos a querer matar, y si no contamos nos vamos a ahogar". Lo único que me nació fue abrazarlos y pedirles perdón en nombre de los adultos por cómo les estábamos liquidando la vida. Apenas en septiembre el padre les autorizó a contarle a un amigo cada uno; ¡ni les cuento lo que fue elegirlos dentro del curso!

Esta historia les puede parecer una exageración, pero les aseguro que en todas nuestras casas pasan cosas parecidas. Cuando vamos a cambiar el auto, a pedir un préstamo, a hacer un viaje y tantos otros acontecimientos que prohibimos contar para que no se arruinen.

Perdimos, por esta cultura del dolor, la posibilidad de celebrar tantas ocasiones y proyectos, llenándonos de miedo y manteniéndonos de alguna manera "devotos" a esta estructura, que es la única que nos puede salvar y proteger. Es verdad que desde el Concilio Vaticano II cambió un poco la perspectiva del pecado al amor, pero todavía no cambia en nuestras cabezas aquella concepción de que estar bien es algo por lo que hay que pagar y que mientras más tiempo paso bien, más grande es lo malo que se avecina para nivelar tanta buenaventura.

Les contaré otra experiencia que he vivido desde niña y que al recordar en el marco de este análisis no puedo evitar que me dé risa. Yo soy nieta de españoles por ambos lados, por lo que hay muchos ritos de esta cultura que yo adquirí. Uno de ellos es, para el Año Nuevo, comer doce uvas antes de que den las doce. Si analizamos el ritual en detalle, es impresionante cómo van apareciendo los miedos que se supone determinarán el año que viene. Primero, hay una obsesión por contar una y otra vez que el plato individual contenga las doce uvas, una por mes. Este acto de contar se repite varias veces. A las doce de la noche se empiezan a comer las uvas nombrando los meses desde enero hasta diciembre. Recuerdo de niña el terror de que a uno se le olvidara un mes, se confundiera o se atorara con una uva en la garganta, porque eso automáticamente significaba mal augurio para ese mes. Si bien el rito tiene que ver con la prosperidad, lo que para mí primaba era el miedo.

A este rito se suma el de los abrazos que, ¡no se te ocurra dar antes de la hora indicada!, mermando toda posibilidad de un disfrute espontáneo. Como toda superstición —o la mayoría de ellas—, esconde un miedo absoluto a perder el control.

Les propongo un ejercicio que me enseñó una mujer muy sabia que me ha ayudado mucho en mi camino. Los

invito a imaginar que es su cumpleaños o el Año Nuevo y
que están, como todos, haciendo una lista mental de pro-
mesas para el nuevo ciclo. Desde ese lugar, cierren los ojos,
conéctense con su cuerpo y digan en voz alta: "En este nuevo
ciclo voy a ahorrar". Seguramente, sentirán una punzada en
el estómago, tal como me pasó a mí y al cuarenta por ciento de las personas que hicieron este ejercicio la primera vez.

En este escenario cabe preguntarse: ¿por qué sentimos
la punzada en el estómago? Si le damos una vuelta, podemos observar otro mandato. ¿Para qué ahorramos? Obviamente, para cuando falte. De ahí el dicho de que "el que
guarda siempre tiene". Entonces, la palabra *ahorro* está centrada en una expectativa de carencia, o sea, en lo profundo,
está centrada en un miedo.

Ahora bien, imaginen de nuevo la misma situación,
pero, en vez de decir "ahorro", digan, conectados con el
cuerpo: "Quiero que me sobre dinero el próximo ciclo y ahí
veré si lo guardo o lo gasto". A ese mismo cuarenta por ciento que en promedio se le apretaba el estómago, ahora estará
relajado pensando en que le sobrará dinero, centrándose en
la abundancia y no en la carencia. De este modo, el miedo
desaparece.

Éste es un muy buen ejemplo de cómo las palabras generan realidades, y cuando uno empieza a tomar conciencia
de los condicionamientos ancestrales que tenemos, vamos
percibiendo cómo el miedo, en la mayoría de los casos, es la
emoción que motiva la contratación de seguros, el ahorro,
etcétera.

Como lo veíamos en *Educar para sentir, sentir para
educar*, el llanto es un signo de debilidad, porque nuestra

definición de fortaleza tiene que ver con lo estoico, con no expresar nuestras emociones. Esta definición que se deriva de la misma cultura es una de nuestras principales barreras para ejercer la libertad de ser quienes somos. Estamos controlados por mostrar una imagen falsa de nosotros mismos, no entendiendo que la salud mental consiste en expresar lo que nos pasa y ser libres en eso.

Por lo tanto, si el primer requisito de este viaje es el silencio y las autopreguntas, el segundo es romper los mandatos del sacrificio y el dolor para poder expresar libremente lo que sentimos.

Hace muchos años en un taller donde yo era alumna, me enseñaron que el hábito de hacernos preguntas era la única forma en este mundo de recuperar la libertad interior. Creo que las preguntas son el único espacio que nos permite elegir, y si no podemos elegir, por lo menos nuestra actitud será distinta al haberlo evaluado. Hablamos aquí de "campo de elección", ese concepto que me enseñó Margarita en la investigación sobre la felicidad y que tiene que ver con que cuando no hay nada que elegir, igual hay una elección, y es la de definir *cómo* quiero vivir eso que no puedo elegir. Ella estaba a pocos días de fallecer y me dijo que tenía muy claro que quería partir bonita: maquillada y con su turbante.

Éste sería el fundamento de la palabra *actitud*, que es el único espacio de libertad que en realidad tenemos frente a lo que nos toca vivir.

En este taller aprendí a hacerme por lo menos veinte preguntas diarias que van desde: "¿Cómo estás, Pilar?", hasta "¿Qué necesitas comer?" y tantas otras. Tengo que reconocer que me pasa lo mismo que a muchas de las personas de los talleres: me da miedo profundizar en las preguntas porque las respuestas me llevarán a tomar decisiones, y eso requiere lo que llamamos mi "segundo de coraje".

Dentro de estas preguntas, hay una que llevo dieciséis años haciéndomela todos los meses de noviembre, y es si quiero o puedo hacer regalos de Navidad. De esas dieciséis veces, diez he resuelto no hacer ninguno, a veces por razones económicas y otras por razones emocionales y, no pocas, por ambas.

Cuando decido esto —les informo— siempre hay costos familiares que me toca pagar, pero al explicar que no tengo ganas o dinero empieza a quedar claro. Aquí hay otro mandato, entre tantos, que debiéramos por lo menos revisar: ¿quién dijo que llegando diciembre estábamos obligados a comprar regalos de Navidad? ¿Quién nos enseñó que el estar agotados, muchas veces tristes por haber tenido un año doloroso o con poco o nada de dinero, no eran razones suficientes para salirse del sistema en estas fechas y responder al verdadero sentido de la celebración, que tiene que ver con la entrega de amor y la sencillez?

Para entender esto hay que empezar entendiendo que tanto ejercer la libertad de ser quien soy, como no hacerlo, tiene costos. Si entro en el circuito de comprar regalos no queriendo hacerlo, pagaré el precio del cansancio, el mal humor, no pocas discusiones y, seguramente, el endeudamiento que penaré todo el año que viene.

Si, por el contrario, elijo no comprar regalos pagaré el precio de la sanción social y las caras raras de los que me rodean. Todos pagamos costos al hacer o no hacer ciertas cosas; el gran tema de fondo es qué opción nos hace más libres interiormente.

Ahora, para ver de dónde viene este mandato preguntémonos qué pasaría si todos y todas las que están leyendo este libro deciden para las próximas fiestas no hacer regalos; el sistema económico colapsaría, cerrarían negocios, gente se quedaría sin trabajo y tantas otras consecuencias. ¿Se dan cuenta de que al sistema económico que tenemos le conviene gente que no piense, que no sea libre?

A nuestro sistema le conviene irnos generando necesidades que nos vayan "obligando", haciéndonos de este modo creer que estamos eligiendo permanecer en ese círculo vicioso. A veces se genera esa necesidad para hacernos sentir queridos, como sucede con el Día del Padre o de la Madre, para reforzar relaciones, cuyo propósito es el Día de los Enamorados, o para demostrar afectos como se entiende la Navidad, el Día del Niño y tantas otras instancias que hacen que el sistema económico se mueva.

A mí todas estas fechas me parecen hermosas si se viven con libertad y si todos los días, no sólo en las ocasiones especiales, somos expresivos con quienes amamos. Lo grave es que la mayoría de la gente siente que es una "obligación" y ahí es donde está el problema que quita libertad. Lo ideal sería poder preguntarnos siempre y libremente si queremos entrar o salir y que lo hagamos cuando tengamos ganas o podamos hacerlo.

Una vez en Chile, donde el transporte público es una vergüenza, como en casi toda América Latina, una señora llamada Alicia me contó la siguiente historia: ella estaba en una enorme fila esperando el autobús que la llevaría a su casa. Al verme pasar caminando se salió de la fila para preguntarme si era Pilar Sordo. Al responder que sí, me contó que todos los días esperaba cuarenta y cinco minutos para subirse al autobús y después tenía hora y media para llegar a su casa. Lo mismo se repetía cuando iba a su trabajo. Me dijo: "Cuando vi cuánto me demoraba, me di cuenta de que era mucho tiempo. Entonces decidí empezar a leer; hoy leo cuatro libros mensuales. El único problema es que muchas veces viajo de pie y me mareo, por lo que mis hijos para el Día de la Madre me regalaron unos audífonos que traen unos cursos de meditación. Estoy aprendiendo a meditar, Pilar, y así puedo ir parada o sentada porque voy repitiendo los mantras y ejercitando la respiración". Incluso me cuenta que ya va en el segundo nivel y me pide que por favor hable con gente del Ministerio de Transporte para que no arreglen el sistema, porque si mejora ella no podría meditar todos los días.

Cuando Alicia me contaba la historia, yo no pensaba en ella, pensaba en el señor o la señora que van al lado de ella, en los insultos que proferían por las injusticias del sistema —y con justa razón—, pero enfermándose de una úlcera gástrica y, a lo mejor, en unos años, de cáncer de colon. Pensaba en que mientras esta gente se enferma, Alicia está cada vez más sana e iluminada.

El centro de esta historia tiene que ver con que Alicia se entregó al mundo de las preguntas, pensó en el tiempo que le tomaba hacer la fila y el traslado, y se preguntó cómo podía aprovecharlo, cómo podía elegir para su bien algo que a todas luces no estaba en su control; en otras palabras, cómo vivía eso sobre lo que no podía elegir.

Tanto en los talleres como en la vida diaria me angustia ver cómo nos han educado para no elegir y para que no nos demos cuenta de que frente a todo tenemos esa posibilidad de elección; siempre hay una alternativa a la sola crítica o a acatar la norma sin ninguna reflexión.

El hacernos cada vez más preguntas si bien parte por un proceso interno, también debe ser una instancia de educación en la familia y en la escuela para que, desde pequeños, entendamos que las preguntas dan libertad y nos sacan de esa terrible sensación de que lo que nos pasa es algo definitivo y frente a lo cual nada podemos hacer más que resignarnos.

Insisto en que sólo a partir de esta forma de entender la libertad —eliminando los mandatos de la culpa y el dolor y haciéndonos cada vez más preguntas— es desde donde debemos expresar nuestras emociones y sentimientos con honestidad y con prudencia. La honestidad no es un valor en sí mismo, tiene que venir acompañada de la prudencia para que se transforme en un valor. Aclaro esto porque en un mundo en que sólo se permite la rabia como emoción y donde ser frontal parece ser una virtud en sí misma, creo que es importante hacer hincapié en que decir todo lo que pienso y siento puede causar un daño innecesario al otro y ahí deja de ser virtuoso.

Algunos y algunas de ustedes estarán pensando que es difícil ser libre, y ser prudente y honesto al mismo tiempo. La respuesta es que claro que es difícil, pero ése es el desafío que esta aventura trae. Nadie puede llegar a tener la libertad de ser quien es si no tiene amor por los demás, y esto parte por el respeto propio y al otro antes de cualquier cosa.

Siempre he repetido que aquella frase de Jesús, "Ama a tu prójimo como a ti mismo", fue mal enseñada. El énfasis siempre ha estado en la primera parte y no en la segunda, y el gran error en la educación es formar personas que no se conocen y que al no conocerse no se aceptan y, por lo tanto, no se quieren.

Aquí los psicoanalistas —a los que respeto y admiro mucho— tendrían tanto que decir en relación con el apego, a nuestras pulsiones de vida y de muerte y de cómo los primeros años son clave en sentar las bases para que este camino se inicie.

Vivimos en un mundo que, por un lado, motiva la expresión del amor —sobre todo desde lo publicitario— y que, por el otro, cuando esta práctica se ejercita, se castiga socialmente. El varón que demuestra públicamente su amor por su pareja, sea hombre o mujer, es visto y ridiculizado como "aburrido", "pusilánime" y muchos otros sinónimos que apelan a un hombre manejado por el otro o la otra, perdiendo la tan anhelada masculinidad, asunto que abordaremos en los próximos capítulos. Si un o una adolescente o un niño o una niña dicen públicamente que aman a sus padres y madres, se les considera "cobardes". Parece que la adultez tendría que ver con la capacidad de controlar los sentimientos y, de corazón, creo que es al revés.

Lo mismo pasa con la expresión de cariño entre amigos hombres y tantas otras relaciones que tienen sancionado el "Te quiero" como expresión cotidiana. Hemos reducido estas expresiones para algunos días señalados por el consumo y que no facilitan precisamente la expresión honesta y directa de lo que sentimos.

Para agregar otro ingrediente a esta compleja ensalada es que la expresión de afectos se ha sexualizado, lo que lleva a los abusos de poder, el maltrato y tantos otros horrores que inundan nuestra cotidianidad en este continente maravilloso.

Cuando hemos realizado este trabajo, es decir, hemos buscado los espacios de silencio, nos hemos hecho cada vez más preguntas, hemos insistido en el proceso de conocernos en lo luminoso y en lo oscuro, y desde ahí nos hemos aceptado y querido, estamos empezando a vivir el hermoso camino de la libertad. Después hay que eliminar los mandatos, las culpas y los miedos, y avanzar en descubrir qué queda de mí si los saco. Esto es algo que dura toda la vida y que haremos una y otra vez, así es que no se asusten. Al terminar este libro tendrán más preguntas que respuestas y más tareas que cosas resueltas.

Por lo menos en lo que a mi proceso se refiere, todos los días aparecen nuevos miedos, mandatos insólitos y culpas que tengo que estar constantemente trabajando. Les pongo un ejemplo: entre todo lo que aprendí cuando era niña, desde lo religioso me enseñaron que Dios —en quien creo firmemente como energía única y poderosa— es lo que se llama "la fuente" y que estaría más cerca de mí y yo de Él si yo sufría. ¿Han visto cosa más tremenda? La cantidad de veces que debo haber llamado al sufrimiento o que me boicoteé los buenos momentos para sentirme "buena" y más cerca de Él...

Esto que les cuento como algo personal, lo encontré en muchas de las personas que trabajaron conmigo en esta caminata, lo que me asombró sobremanera.

Se darán cuenta de que hay aprendizajes que son hasta ridículos y que hay que ir eliminando para romper las estructuras y destruir los muros, que, maravillosamente, tienen dos lados: uno que mira hacia dentro o hacia nosotros, y otro que mira hacia fuera para que nos relacionemos mejor y más amorosa y libremente con los otros. Cuando digo libremente me refiero a que tenemos que llegar al punto de no necesitar a nadie y amar profundamente a quienes nos rodean, sea lo que sea que dure ese contacto. De este modo, volvemos a comprobar que los orientales tienen razón al plantear que la mayor causa de sufrimiento humano es el apego, en el más amplio sentido de la palabra, lo que nos lleva a pensar en cuántos de nuestros aprendizajes y afectos están centrados en la necesidad y no en la libertad.

A lo largo de este capítulo he mencionado muchas veces lo determinante que es, en nuestro camino hacia la libertad, la expresión de nuestras emociones. Por eso, quiero invitarlos e invitarlas a descubrir qué hacemos o qué hemos aprendido a hacer con ellas. En el próximo capítulo analizaremos en detalle cómo hemos anestesiado nuestras emociones y, con eso, perdido contacto con nosotros mismos, alejándonos cada vez más de la posibilidad de abrazar la invitación que ofrece esta caminata.

Capítulo 2

Anestesia emocional

Al haber construido un sistema social que castiga, inhibe y limita la expresión emocional, hemos tenido que buscar formas de canalizar o inhibir esta expresión siendo funcionales al sistema.

Partimos de la base de que la alegría, el llanto, el miedo, el amor y varias otras expresiones afectivas son castigadas si son expresadas en forma verbal y corporal.

Si algo caracteriza al mundo latino es su capacidad de expresión, y esto se muestra en bailes, canciones, comida y calidad humana en general. Sin embargo, en las últimas décadas, esa expresividad se ha ido modificando por tener como referente a un país que presenta un sinnúmero de problemas emocionales: Estados Unidos. Esto es algo que, al menos a mí, me molesta profundamente, porque creo que nos ha hecho mucho daño.

Ese país, del cual nadie duda que tiene un orden económico y social que genera gran admiración en algunos y un concepto de calidad de vida (que tampoco es muy real, por lo menos en las grandes ciudades) al que muchos aspiramos, tiene serios problemas en el ámbito emocional; desde

ahí que todo lo que se genere para que los norteamericanos "se emocionen" y tomen contacto con su interior es negocio redondo en ese lado del mundo. No es casual que en
ese país naciera un señor llamado Walt Disney que genial-
mente "inventó un mundo" donde vamos a sentir todas esas
emociones que están vetadas en el día a día. Por eso estos
parques están diseñados no sólo para los niños, sino también para los adultos.

En Estados Unidos está la industria cinematográfica
más importante del mundo y debe ser el único país en el que
en cada película de acción se destruye la casa de gobierno.

Si uno analiza las series de ese país, todas tienen como
misión despertar una emoción momentánea como el llanto,
la risa, el miedo o el amor. Esto podría dar algunas luces de
lo que les pasa con la rabia y el uso de las armas, que tan fa-
mosas se han hecho en aquellos horrendos ataques masivos.

Netflix es una maravillosa industria para sentir, porque ahí nadie sanciona ni critica, y uno puede llorar o reír
todo lo que tenga ganas sin que nadie nos censure. Con esto
no estoy diciendo que los norteamericanos y norteamerica-
nas no sean cariñosos o cariñosas, sólo digo que su "planicie emocional" genera una industria para despertarla, de la
cual nosotros también somos consumidores.

Otro de los inventos estadunidenses para anestesiar las
emociones es la "comida rápida", que hace que las personas,
literalmente, se coman sus emociones. Eso se puede comprobar revisando las estadísticas de obesidad y obesidad
mórbida que hay entre su gente.

El gran concepto de *autoayuda* es otro aporte norteamericano; hay allí una plaga de gurús que le dicen a la gente

cómo sentir y gestionar sus emociones. Por eso es que casi no se traducen libros del español al inglés, porque tienen en esta área su propio y gran mercado del que los latinos también nos hemos ido nutriendo.

Estoy de acuerdo: somos un continente pobre y, sobre todo, con mucha desigualdad, donde los que tienen, tienen mucho y los que no tienen, no tienen nada. Asimismo, no podemos negar que, inspirado en el modelo norteamericano, se ha instalado un concepto de felicidad basado en la prosperidad económica, lo que hace que, en esa carrera por tener cosas, muchas veces se disgreguen la familia y los vínculos. El famoso sueño americano no sólo se vive allá, sino que se trasladó a nuestros países como sinónimo de emprendimiento y superación.

Ahora bien, ¿cómo hemos copiado ese modelo para anestesiar las emociones y ser "funcionales al sistema"? Después de estudiar años este tema, podemos hablar de cuatro anestésicos que quiero comentarles.

El primero de ellos es la comida; la comida debe ser de los anestésicos emocionales más comunes y populares. Si nosotros canalizáramos las emociones como corresponde, llorando cuando estamos tristes, por ejemplo, no habría problema. Lo que sucede es que como el sistema nos coarta a la hora de exteriorizar nuestras emociones, buscamos formas alternativas de expresión. Entonces, comemos cuando estamos tristes, cuando estamos contentos, cuando tenemos miedo, rabia, o estamos aburridos o entretenidos; solos o acompañados, para premiarnos o para castigarnos.

Si analizamos los índices de sobrepeso en América Latina queda en evidencia cómo hemos ido cambiando nuestros hábitos alimentarios en el camino de la comida superprocesada y a bajo costo; la famosa "comida chatarra" norteamericana.

Los hábitos alimentarios de nuestros antepasados indígenas claramente eran mucho más saludables que los nuestros; actualmente, por imitar y aprovechar los mentirosos precios bajos, terminamos consumiendo comida basura, alterando nuestro sistema de salud en forma brutal. Digo mentirosos, porque el secreto de esa comida es que genera un circuito en el que se necesita comer más y más, estableciendo una adicción real a las harinas y azúcares procesadas que aumenta en forma peligrosa en personas de todas las edades. Éste es el sentido de lo mentiroso, porque lo que empieza siendo un gusto, al poco andar se transforma en necesidad, lo que nos hace gastar más dinero para mantenernos en ese círculo vicioso.

Lo que más me preocupa de esta forma de anestesiar las emociones es que se traspasó a la educación y los niños y niñas la tienen absolutamente incorporada en su rutina diaria. De hecho, con vergüenza tengo que decir que Chile y México compartimos el horroroso título de tener los niños y niñas más obesos y obesas del mundo. Detrás y bien cerca se encuentra el resto de los países del continente.

Es brutal cómo en nuestras familias si un niño o niña está triste, se le prepara "algo rico para comer" o si le fue bien en un examen se le lleva a algún restaurante para celebrar. Desde ahí, los niños y niñas aprenden que las emociones no se expresan, sino que se comen.

En la contraparte tenemos la obsesión por el ejercicio para mantenerse en forma y no engordar, lo cual en muchos casos sólo es un disfraz para seguir un modelo de belleza asociado a la delgadez que, llevado a su extremo, hace tanto daño como la obesidad. Si no, es cosa de mirar cómo han crecido los índices de trastornos alimentarios en nuestros países este último tiempo.

No quiero con esto demonizar la comida y tampoco el ejercicio. Comer es un placer maravilloso y muchas veces potencia encuentros encantadores, y el ejercicio es una hermosa forma de mantenerse sano con índices de salud aceptables. De lo que estoy hablando es de cuando la comida o el ejercicio se transforman en anestésicos y la única forma de descubrir si es así es aplicando las autopreguntas de las que hablábamos en el primer capítulo. Yo debería preguntarme: ¿para qué como?, ¿es por placer y gratitud o para anestesiar una emoción que de otra manera no podría expresar? Lo mismo habría que preguntarse con el ejercicio y el culto a la delgadez como única forma de sentirse bien, exitoso y bello.

Les cuento que en mi propio camino en el marco de este estudio, descubrí que la comida muchas veces ha sido una compañera frente a la sensación de tener que permanentemente enfrentar la vida sola y sin ayuda. Discutí muchas veces con ella e incluso la sentí como enemiga hasta que empecé a trabajar esta anestesia; hoy ya no peleamos y nuestra relación es mucho más sana que antes.

Para no ser autorreferente, les contaré la historia de una mujer en el campo que estaba participando en un trabajo para analizar la relación de la comida con las emociones. Al terminar uno de los encuentros, me abrazó contenta y me dijo muy agradecida que aprendió algo muy importante en dicha reunión. Cuando yo, asombrada, le pregunté qué le generó tanta emoción, ella me respondió sonriendo que acababa de descubrir que "no está gorda, sino que tiene llanto acumulado". Nos reímos juntas —como seguramente estás haciendo tú al leer esta declaración— y yo le digo que, como la conozco bien, sé que no sólo come cuando está triste, sino que también lo hace cuando está enojada. Ella confirma mi análisis y hacemos una pauta de trabajo que sólo le permite comer cuando esté contenta y que la invita, si se siente triste o con rabia, a expresar sus sentimientos y no a ingerir comida para taparlos.

Esto ocurrió hace seis meses y al día de hoy ha bajado seis kilos, porque disminuyó las porciones, come más lento y se pregunta cuáles son las emociones que hay detrás de sus ganas de comer.

Una segunda forma de anestesiar las emociones que me interesa comentar es la farmacológica, otra industria que maneja nuestras vidas. Esta forma de anestesia es un poco más sofisticada, porque tiene un costo más alto, pero que con el mercado negro que hoy existe se está volviendo transversal.

Los medicamentos, sean alópatas o naturales, impiden la expresión de emociones o las modulan de acuerdo con lo que la persona necesita o el sistema requiere de ellas para funcionar en "forma adecuada". No estoy diciendo con esto que no se deben tomar medicamentos —yo en este momento estoy tomando—, el tema es que el uso de estos productos tiene que venir después de una profunda reflexión del para qué los voy a usar. En este sentido rescato la medicina alternativa, que más que ver síntomas y aplacarlos, se focaliza en las causas de los problemas.

Si vamos un paso más allá, llegamos a una forma ilícita —pero no por eso poco frecuente— de anestesiar las emociones, que son las drogas. El alcohol, si bien es lícito, es un camino de entrada a las drogas y, por lo mismo, hay que ponerle el mismo cuidado.

En este sentido, es fácil deducir que los problemas emocionales provocados por la falta de oportunidades y la desigualdad social tienen a los narcotraficantes "gobernando" muchos de nuestros barrios.

Ojalá nuestra medicina pudiera ayudarnos a reflexionar sobre lo que nos sucede antes de recetar y que empezáramos a confiar en nuestras propias capacidades de sanación emocional y espiritual, aunque, claro, se arruinaría un gran negocio.

Los medicamentos son una forma de anestesiar rápidamente cualquier información que entrega el cuerpo. Si me duele la cabeza, me tomo un remedio sin siquiera hacerme la pregunta de por qué me puede estar doliendo. Como ven, vuelve a aparecer el tema de las preguntas como único ejercicio para recuperar la libertad individual y aumentar la conciencia.

Un tercer anestésico que me gustaría mencionar es la tecnología, la manera más nueva de anestesiar emociones y que ha afectado a todos los países por igual y que opera de la misma manera que la comida y los medicamentos.

La tecnología, particularmente los teléfonos celulares, ha transformado nuestra forma de comunicarnos de manera radical. Además de acercar a los que están lejos y alejar a los que están cerca, los celulares modificaron hasta nuestra forma de conversar. Éstos ya no se usan, ni siquiera se venden, para conversar, sino como cámaras fotográficas o como una forma de establecer "contacto virtual" a través de las redes sociales.

De hecho, de acuerdo con lo que me contaba la gente en el marco de esta investigación, cada vez nos da más flojera contestar el teléfono; esperamos que quien nos llama deje un mensaje para ver qué quiere.

Además de que hablamos y conversamos cada vez menos, las emociones quedaron supeditadas a los emoticones y son ellos los encargados de ilustrar lo que sentimos, pero dentro de un discurso, porque por nuestro cuerpo no ha pasado ninguna emoción.

La tecnología también, al igual que las dos anestesias anteriores, tiene aspectos positivos e interesantes, pero como cualquier industria que se aprovecha de nuestra escasa fuerza de voluntad, nos ha hecho ser dependientes de ella, siendo uno de los elementos que más libertad interna nos quita. Debilita la conexión con nosotros mismos y nos hace expertos en "seguir" la vida de otros y perder contacto con la nuestra. En este sentido, la tecnología es una perfecta aliada de la mirada externa.

En términos educacionales, hay mucho que revisar en este aspecto, ya que para los padres y madres resultó muy útil esta "ayuda" que viene a ser la tecnología, es como tener una empleada doméstica que entretiene a los niños, limitando el juego, la creatividad y la conversación con todo lo que ella implica: el análisis, la autorreflexión y el detenerse simplemente para respirar y observar nuestra realidad.

Ya que hemos mencionado una y otra vez el tema de las preguntas, la tecnología parece ser una estupenda forma de anularlas, por lo menos las del alma... para todas las otras está Google.

El trabajo y la búsqueda de adrenalina son también importantes anestésicos que "mantienen la cabeza ocupada, para no pensar" y, en ese mismo camino, para no sentir y desde ahí conectarme con situaciones o personas que me lleven a tomar decisiones que me asustan.

Nos escondemos tanto en frases como "No he tenido tiempo" o "Estoy cansado(a)", que funcionan como excusas para no entrar en frecuencia con el silencio y el miedo de lo que podamos descubrir ahí.

Nuestro sistema económico valora tanto el estar cansado y el no tener tiempo, que no propicia la calma y el silencio como espacio de autodescubrimiento. Las deudas —muchas de ellas adquiridas para buscar placer o para sobrevivir en este sistema— son un ejemplo de la desconexión que tenemos con nuestra realidad.

Estas cuatro formas de anestesiar las emociones —la comida, los medicamentos, la tecnología y el exceso de trabajo— lo que hacen es desconectarnos de nuestro interior.

Les voy a contar una experiencia que refleja esta desconexión de forma brutal: asistí a un colegio a dar dos charlas, una al iniciar la tarde para los jóvenes de secundaria, y otra para sus padres y madres después del horario de trabajo. Por esos días se daba un fenómeno astrológico muy interesante llamado "superluna", que hacía que pudiéramos ver la luna como si estuviera más cerca y más grande que en otras ocasiones.

En la primera charla les pregunté a los alumnos y alumnas si habían visto la superluna y mi sorpresa fue maravillosa cuando la gran mayoría contestó que sí y que les había parecido hermosa. Como los años y las caminatas no pasan en vano, me pregunté inmediatamente ¿cómo la habrán visto?; casi con terror a la respuesta, les dije: "¿Dónde la vieron?" y, como era esperable, dramáticamente casi el cien por ciento de los estudiantes la había visto por internet; no habían podido levantar la cabeza, sino que la habían bajado para mirar la luna en sus teléfonos.

Dada mi ingenuidad —que gracias a Dios todavía no pierdo—, me dije a mí misma que ésta era una generación marcada por lo tecnológico y que seguramente con los padres y las madres me pasaría algo distinto. En la segunda reunión, entonces, pregunté lo mismo y también la respuesta afirmativa fue masiva; me inundó un escalofrío en el cuerpo y con mucho más temor lancé mi segunda pregunta. La respuesta fue la misma: en internet. Cuando les digo: "¡¿Pero, cómo?, si nosotros crecimos mirando hacia arriba las Tres Marías o la Cruz del Sur y nos encantaba ir a lugares oscuros para observar el cielo y ver toda su inmensidad!", las caras se les caían de la vergüenza y el asombro de ni siquiera haber reflexionado sobre lo loco y extraño de su conducta. Era tan fácil como mirar por la ventana: la luna estaba ahí, magnífica, enorme y cerca.

¿Se acuerdan los mayores de treinta y cinco años cómo nos latía el corazón cuando sacábamos fotos e íbamos a revelar los rollos, esperando ver el resultado? ¿Se acuerdan del terror que nos daba que el encargado de la tienda nos dijera: "Está velado el rollo"? Una vez que juntábamos el dinero para el revelado —porque no era barato— y teníamos las fotos en la mano, en la misma calle nos poníamos a revisarlas y cuál no sería nuestra sorpresa cuando al mirarlas descubríamos que había muchas movidas, otras tantas con los ojos rojos, sin mencionar las que habían sido sacadas con el sol en contra o en posiciones vergonzosas. ¡Cuánta imperfección había en nuestras vidas, por Dios, y cuánto la disfrutábamos!

Hoy el tema de las fotografías da para otro estudio. Es impresionante cómo se ha vuelto una obsesión registrar cada momento de nuestras vidas no para tener un recuerdo personal, sino para mostrarla y certificar frente al mundo que eso sucedió. Como me dice la gente que me pide fotos: "Para que me crean que estuve contigo"... un horror.

Lo mismo pasa en los conciertos o eventos públicos o privados, en los que lo que importa es el video —aunque esté desenfocado, grabado a lo lejos y con pésimo sonido— más que vivir la experiencia.

Éste es un reflejo perfecto de cómo vivir en función de la exposición y las apariencias nos lleva a perder nuestra libertad interior y nos distrae permanentemente de lo que somos y queremos, transformándonos, como decía en el primer capítulo, en seres reactivos y no creadores de nuestra realidad.

Bueno, hasta aquí los he invitado a pasear por el mundo de los miedos, las culpas, los mandatos y los anestésicos que nos impiden tomar contacto con nosotros mismos y, por lo tanto, nos limitan el desarrollo de este hermoso camino hacia la libertad de ser quienes somos.

Sin duda, lo que sí ha cambiado mucho en los últimos años es todo lo que tiene que ver con el género y la identidad sexual. Me asombra y maravilla ver cómo este cambio

nos puede llevar a lugares de autoconocimiento insospe-
chados y a determinar una nueva forma de relacionarse entre lo femenino y lo masculino que hoy en día poco tienen
que ver con ser hombre o mujer.

Es así como tomé contacto con mi primera investigación que plasmé en el libro *¡Viva la diferencia!* —que se
publicó en 1994, ¡el siglo pasado!— y que hoy necesita ser
revisada desde otra mirada. Se requiere una "perspectiva de
género" para abordar las diferencias entre lo femenino y lo
masculino y así ver qué quedó.

Aquí nos adentraremos en un camino hermoso que
conduce o debiera conducir a una plena libertad de descubrir quiénes somos y cómo nos plantamos en el mundo.

CAPÍTULO 3

Cambia, todo cambia

Tengo que reconocer que al comenzar con este capítulo y el siguiente me invade una sensación de nerviosismo y emoción a la vez. La verdad es que quiero serle fiel a los cientos de personas que escuché y no quiero que los condicionamientos de la educación interfieran en cómo describo lo que ha pasado estos años desde que escribí *¡Viva la diferencia!*

Mi primer libro me generó muchas contradicciones; por un lado, me puso en un lugar de *best seller*, me trajo requerimientos de traducción de muchos países, felicitaciones de psicoanalistas franceses, premios y exposición, pero, al mismo tiempo, el estudio provocó críticas por ser conservador y machista, entre otras, que fueron muy injustas.

La verdad es que en esa época costaba mucho entender que lo femenino y lo masculino no era lo mismo que "mujer y hombre", cosa que hoy resulta mucho más natural. Hoy ya entendemos que sexo y género no es lo mismo y la gente que no lo entendió en esos años pensó que generalizaba entre hombres y mujeres, cuando esa caminata tenía otra función. Lo que quiero decir es que mucha gente pensó que yo polarizaba los sexos llegando a generalizaciones casi absurdas, cuando lo que estaba haciendo era hablar desde el género.

Las personas que sí captaron mi motivación comprendieron que era un estudio inclusivo en el que muchos homosexuales y personas trans se sintieron muy reconocidos en cada palabra.

Lo otro que produjo confusión fue que todo lo expresado en ese libro no era necesariamente mi opinión, sino que correspondía a las voces de muchos y muchas que yo sólo intenté traducir con la mayor honestidad.

Después de todo el tiempo transcurrido, muchas cosas se han explicitado y en buena hora han cambiado muy profundamente. Todos y todas estamos aprendiendo una nueva forma de comprender la identidad de género y lo que se entiende hoy como perspectiva de género. Todos somos alumnos nuevos de un sistema que por años fue mirado desde lo masculino, dominando en nuestras cabezas un sistema patriarcal que modifica el lenguaje, las acciones y, sobre todo y profundamente, nuestra forma de pensar.

Lo que haré es ir explicando todo lo desarrollado en *¡Viva la diferencia!* y mostrarles cómo, gracias a la gente, fui descubriendo los cambios que han sucedido en cada uno de los puntos explorados en esa caminata tan querida por tantos.

Toda esa aventura comenzó apelando al inconsciente colectivo y viendo qué pasaba cuando les mencionaba a las personas las palabras espermatozoide, útero, óvulo u ovario. En esos tiempos no había discusión respecto de que el espermatozoide estaba asociado a las palabras *carrera, velocidad, competencia, desafío, batalla, guerra* y *conquista*, entre otras, mientras que óvulo y las demás palabras se asociaban a *nido, resistencia, meta de la carrera, calor* y *unión,* entre otras.

Este ejercicio ahora fue muy distinto, ya que todas estas asociaciones se mezclaban y por ambos lados se mencionaban las palabras *vida, amor* y *creación,* que antes no estaban integradas.

Lo que no cambió fueron las palabras *retención* asociada a lo femenino y *soltar* para lo masculino. Lo femenino sigue siendo definido como bueno para retener en cuatro niveles:

1. En lo físico: retiene líquido, tiene celulitis, tiende a la constipación y el estreñimiento, le cuesta transpirar, etc.
2. En las cosas: tiende a guardar —a veces cosas innecesarias— por las dudas o por si acaso. Le cuesta tirar desde recuerdos hasta comida, ropa y tantas otras cosas que uno "nunca sabe" cuándo se pueden necesitar.
3. En la memoria: tiende a tener una estupenda memoria emocional, recordando todo con detalles asombrosos.
4. En la comunicación: tiende a ser reiterativo, preguntón y a veces insistente en la comunicación. Generalmente desarrolla largas conversaciones y le cuesta terminar discusiones.

Las características asociadas a lo femenino desde esta perspectiva de la retención han sufrido cambios notorios con el tiempo, quedando relegadas en su gran mayoría a las mujeres mayores de sesenta años. Debajo de esta edad estas características comienzan a dispersarse y en las generaciones más jóvenes, sub 35, casi a desaparecer.

Lo masculino, donde lo intrínseco sería soltar, se caracteriza básicamente por los siguientes puntos:

1. Vive, procesa y olvida; a veces no alcanza a procesar porque se le olvida antes. Desde este punto de vista, para lo masculino es importante avanzar y ojalá lo más rápido posible y sin mirar atrás.
2. No tiende a quedarse "pegado" en las etapas; casi no siente culpas y da vuelta a las páginas de la vida rápido en términos de nuevas etapas, discusiones o relaciones.

Estos elementos masculinos también se movilizaron de acuerdo con la edad, siendo más frecuente encontrarlos en los hombres mayores y no en los sub 35. De hecho, en gente joven estas diferencias se dispersan, de modo que es posible encontrar hombres muy retentivos y mujeres muy soltadoras.

Estas dos características matrices de lo femenino y lo masculino se hacen presentes también como una misión o una tarea que se sigue manteniendo. Lo femenino tiene que aprender a soltar en la vida, lo que significa que debe dejar de hacer lo que le hace mal y enfocarse en lo que le hace bien. Para esto es fundamental que pida ayuda, que delegue y que acepte la "imperfección" que ve en los otros para hacer las cosas. Tiene también que aprender a decir *no*, no puedo o no quiero. Este aprendizaje de soltar va también desde lo físico: en mejorar su capacidad para ir al baño, transpirar, parir y tener orgasmos, entre otras cosas.

Lo masculino, en cambio, tiene que aprender a retener, a cuidar lo que tiene, y para eso tiene que comunicar lo que siente más allá de la conquista y a entender el valor de los detalles. También este aprendizaje va desde lo físico, donde lo masculino debe retener la erección para dejar de ser eyaculador precoz y evolucionar hacia una sexualidad que trascienda lo genital y entre más en lo afectivo.

Lo que graciosamente parece no cambiar son los tiempos que lo masculino y lo femenino le dedican al baño; lo masculino sigue entrando en una dimensión desconocida que nadie se atrevería a interrumpir. Ir al baño sigue siendo un placer y un espacio de intimidad, un templo y un momento para reflexionar, en el que se cambiaron las revistas y los diarios por los celulares y las computadoras.

Las mujeres, por otro lado —sobre todo las mayores y las jóvenes con hijos pequeños—, siguen haciendo pipí con la puerta abierta, porque pueden ser necesarias en ese momento. Para ellas sigue siendo un desafío el tránsito lento, lo que ha ido mejorando en la juventud, ya que los entrenamientos castradores que nos dieron a las adultas desde pequeñas de no poder ir a cualquier baño y de hacer pipí de pie haciendo malabarismo en las paredes han ido desapareciendo.

En el primer estudio, ser reconocido y admirado se asoció a lo masculino, mientras que la necesidad de sentirse necesitado, a lo femenino. Hoy, estos dos principios se han mezclado al punto de que ambos géneros necesitan lo mismo y en la misma proporción. Desde esta perspectiva, el desafío para los hombres —sobre todo los mayores— pasa por trabajar lo negativo del ego y todas las expresiones de poder que se expresan con esta característica. Para las mujeres, el desafío será trabajar su propia identidad y libertad para dejar de tener al resto como eje de su vida.

Otros cambios que se aprecian en relación con el primer estudio tienen que ver con los procesos y objetivos. Si bien tanto antes como ahora lo masculino tiende a disfrutar más con las metas y lo femenino con el trayecto, pasado el tiempo ocurrió algo interesante con la salida de la mujer al espacio de lo público, y es que, de forma natural, las mujeres fuimos aprendiendo a centrarnos también en metas además de en los procesos. Lo mismo pasó con lo masculino, que se ha ido conectando más con lo emocional y ha empezado a valorar los detalles.

En las generaciones mayores, por ejemplo, seguimos viendo que lo femenino ama pasear sin destino fijo dentro o fuera de un mall y lo masculino necesita llegar pronto a donde va, ojalá sin detenerse.

En esta línea se aprecian también formas distintas de vivir la sexualidad; dependerá de las ganas, la emoción, los afectos y el tiempo si ésta se vive como un proceso emocional, físico o ambos. Lo que sí está claro es que hoy tanto los hombres como las mujeres tienen que entender que tanto objetivos como procesos se definen con el otro y no deben imponerse. Ya no tiene sentido que el hombre toque a su pareja genitalmente esperando una respuesta automática si él no está dispuesto a que la mujer haga lo mismo con él y pida explícitamente lo que necesita y quiere para generar el encuentro que tanto ella como él quieren tener. Hoy la palabra es *consenso*, y la retomaremos más adelante.

La idea de que lo masculino era monofocal y lo femenino multifocal, también ha evolucionado maravillosamente.

Los estudios cerebrales siguen mostrando diferencias en la capacidad de atención, lo que tiene ventajas y desventajas. Por un lado, hace que lo masculino —que se centra en una sola cosa— sea eficiente a la hora de terminar lo que empieza y que a lo femenino —que pone su atención en muchas cosas al mismo tiempo— le cueste más, pero que gane mucho contemplando las múltiples aristas de una determinada situación. La tecnología, por ejemplo, ha sido un buen instrumento para que lo masculino aprenda a concentrarse en varias cosas al mismo tiempo y lo femenino sea más eficaz a la hora de focalizar, ya que ésta nos obliga a estar pendientes del teléfono al mismo tiempo que de los niños o de la televisión.

En términos de que lo masculino es más visual y lo femenino más auditivo, quizá como ninguna otra diferencia mencionada en la aventura anterior, en ésta se aprecia el cambio generacional y cultural y muestra cómo algo que parecía ser neurofisiológico, termina modificándose por los cambios sociales.

Es llamativo cómo las mujeres hemos aprendido a incorporar lo visual como un elemento clave en nuestra manera de procesar la información y cómo lo masculino ha aprendido a valorar el escuchar.

En lo que sí se mantiene esta diferencia es en lo que tiene que ver con el deseo sexual que deriva de nuestra constitución física. Un descubrimiento que me dio mucha alegría fue el hecho de que, dado que el deseo sexual femenino no se puede "ver" (como sí el masculino), era muy frecuente que las mujeres mayores fingieran o exageraran sus orgasmos, postergándose en el marco de esta cultura patriarcal que nos entrenó para satisfacer y no para ser satisfechas.

Gracias a los avances culturales y a que hoy se puede hablar de estos temas con libertad, estos orgasmos fingidos están desapareciendo.

Gracias a que lo masculino ha ido integrando más el escuchar y la conversación, su exigencia por el desempeño sexual —muy centrada en lo visual (el tamaño del pene, por ejemplo)— ha ido disminuyendo.

En relación con el juego, lo que ha pasado es simplemente maravilloso. Recuerdo cómo en mi carrera de Psicología, casi sin darnos cuenta, nos enseñaban los juegos de roles de la psicología del desarrollo que perpetuaban el machismo y las dinámicas de poder. Yo misma en *¡Viva la diferencia!* explicaba que lo femenino dejaba de jugar a temprana edad —juegos que además potenciaban conductas que le servirían en su desempeño de mujer adulta—, a diferencia de lo masculino, que no dejaba de jugar nunca. Esto, que hoy mientras lo escribo me parece horroroso y machista, en ese momento era evidente.

Es maravilloso hoy ver niñas entreteniéndose con juegos tradicionalmente masculinos y a niños con elementos que antes sólo usarían las mujeres. Sin embargo, debo decir que, si bien todavía nos atacan muchos miedos y tendemos a seguir con categorías femeninas o masculinas para ayudar en la definición de la identidad desde lo externo más que de lo interno, esto ha ido cambiando.

El juego es experimentación y es bueno explorar de acuerdo con las necesidades de los niños y niñas, y no desde lo que de afuera nos parece que es necesario para ellos. Este elemento es clave para ejercer la libertad de ser quienes somos en nuestra vida.

Cuando caracterizaba lo femenino como retentivo, basado en procesos, multifocal y auditivo, también lo definía como "externalista", lo que quería decir que las causas de sus conductas estaban puestas afuera, facilitando así su posición de víctima que nunca tenía la culpa de nada. Si estaba con sobrepeso era por factores hormonales, porque ella "no come nada, pero se hincha". Si se le quemaba la carne era problema del horno, y así con todo lo que le ocurría. Lo más grave de este mecanismo en el que todavía están atrapadas no pocas mujeres mayores es que no sólo ponían las culpas afuera, sino que también las fuentes de su felicidad. De aquí se deriva la búsqueda del hombre ideal y de enfrentarse pasivamente a la sexualidad, por ejemplo. Siempre he pensado que este testimonio generó como reacción en las generaciones más jóvenes el que éstas aprendieran a ser protagonistas de sus propias vidas, generándose sus propios sueños, sin necesitar ni esperar que otro viniera a cumplirlos.

Tengo que reconocer que tanto mi generación, la de personas de cincuenta años, como la de personas de cuarenta, oscilan entre ambos polos —la culpa y la autonomía— en muchas de las características. Todavía nos quedan algunas culpas y nuestra formación patriarcal nos hace a veces dudar entre avanzar o no hacia la completa autonomía e internalización. Con este concepto me refiero a aquella premisa —en un principio, de dominio masculino— basada en que se es feliz si se logran los objetivos personales, sin importar nada más. Esto ha ido cambiando al entender que si logramos objetivos en la vida es importante que salgamos hacia fuera de nosotros mismos para agradecer a las personas que nos quieren que, sin duda, ayudaron en ese logro. En términos de la libertad, es fundamental entender que tenemos que transitar desde lo externo hacia lo interno, saliendo hacia fuera sólo para agradecer. Éste es un aprendizaje para todos y todas que nos lleva a entender que el cuidado de los afectos es la mejor cuenta de ahorro que podemos tener.

Si pensamos en la vejez, es mucho más común ver a hombres solos que a mujeres solas; las mujeres parecen tener una vejez más acompañada dado el cuidado que han puesto en los procesos y detalles afectivos e incluso su capacidad para retener. Parece ser que lo "soltador" de lo masculino y su obsesión por los objetivos, más la internalización constante y su indiferencia frente al resto, le pronostican una vejez más solitaria.

Al analizar cómo han ido cambiando las características analizadas parece haber una brecha generacional importante; en las personas de menos de cuarenta años hay pocas diferencias entre lo femenino y lo masculino, menor polarización y también mayor conflicto con lo patriarcal.

Un cambio importante que me gustaría mencionar es aquel que tiene relación con el llamado *pensamiento mágico femenino*. Este concepto se define como una permanente comparación entre la realidad y el ideal que una mujer tiene en su cabeza. El ideal de un pelo liso en un comercial de un shampoo, por ejemplo, en contraste con la realidad de mi cabello. Esto corre para cosas cotidianas como para las relaciones afectivas de toda índole: maternales, de pareja, etcétera. Esta estructura deriva en el clásico ejemplo de "¿Dónde quieres cenar?", "Donde tú quieras, me da lo mismo". Lo que la mujer busca con esta respuesta es que él adivine dónde quiere cenar, porque la conoce.

El pensamiento mágico ha disminuido mucho en la cabeza de la gran mayoría de las mujeres, por lo menos en lo que a los otros se refiere. Ya somos capaces de agradecer lo que tenemos y de pedir lo que necesitamos sin esperar que ocurra la magia. En este sentido, la independencia económica parece ser clave a la hora de satisfacer nuestros deseos sin tener que dar explicaciones.

Desde aquí, el tema del trabajo fuera de casa con un ingreso no sólo aparece como importante en el círculo del pensamiento mágico, sino que va a ser clave en el manejo de la violencia de género que revisaremos más adelante.

Tengo, de todas formas, serias dudas de que el pensamiento mágico haya desaparecido en nuestro mundo secreto y privado, así como en la observación de nuestros cuerpos; también en la definición de lo que es una relación, el maltrato o la violencia, sobre todo en las mujeres de más de cuarenta años.

Donde ha ocurrido algo bonito y fuerte es que en la primera caminata este pensamiento mágico sólo se encontraba en algunos hombres muy femeninos, mientras que hoy se ha extendido en muchos hombres tanto en lo relativo a la pareja como a la paternidad. Esto debe ocurrir porque el rol de padre ha dado un vuelco pasando del de proveedor al de un padre presente, cariñoso e involucrado desde lo cotidiano hasta lo emocional. Esto ha generado seguramente expectativas nuevas que requieren ser satisfechas y, por lo tanto, un conflicto entre la realidad y una idealización de dicho rol.

¿Ven cómo ha cambiado todo, cómo nos hemos integrado para poder entender que dentro de cada uno de nosotros y nosotras conviven lo femenino y lo masculino, y que nuestro gran desafío interno en el camino de obtener libertad para ser quienes somos es la integración?

Es por esto que todo el mundo LGBTI queda incluido en esta aventura, ya que el trabajo entre lo femenino y lo masculino es el mismo. En este sentido también han ocurrido cambios desde *¡Viva la diferencia!* Siempre se ha planteado —y yo lo creo— que la homosexualidad es una condición y no una opción, no es algo que se elige y hoy pienso que en el caso de que se eligiera en plena madurez del alma, daría igual.

Donde yo sí experimenté un cambio fue en relación con la bisexualidad. En un comienzo pensé que era un juego y que por eso muchos homosexuales tanto hombres como mujeres criticaban esta conducta por no encontrarla "definida". Sin embargo, con el paso de los años y con los estudios que he revisado, todo parece indicar que también es una condición biológica.

Tal vez en unos años más descubramos que la gente a la que no le atrae ningún sexo también esté condicionada por algo de esta índole.

Lo importante aquí es entender que, si bien hemos avanzado en la inclusión, todavía tenemos muchos prejuicios y miedos producto de nuestra ignorancia y del miedo a la diversidad.

En este concepto de integración es desde donde personalmente entiendo la adopción homoparental como igual de razonable que la heterosexual. El fundamento de esto es que lo que está en la base de un desarrollo sano es que en la familia —cualquiera que sea su forma— debe haber elementos femeninos y masculinos y no necesariamente un hombre y una mujer. Si no fuera así, todos los niños de América Latina criados por la madre y la abuela (modelo tremendamente frecuente) o sólo con el padre tendrían alteraciones, y eso no es así. Sé que este ejemplo les puede parecer reduccionista a muchos, pero créanme que, sin considerar el amor como un elemento fundamental y transformador, los elementos masculinos y femeninos trascienden el ser hombre o ser mujer.

Estoy segura, después de esta caminata, de que, si educáramos en el amor, en el aprender a escucharnos desde pequeños y pequeñas, con límites claros y buena capacidad para hacernos preguntas desde el silencio, aprenderíamos a expresar lo que sentimos y nuestro camino hacia descubrir y expresar nuestra identidad sería libre y con menos miedos, prejuicios e ignorancia.

Me retumba en el corazón lo que decía en mi libro *No quiero crecer* de que para educar bien a un hijo o a una hija se necesitaban cinco cosas: ternura, firmeza, fuerza de voluntad, paciencia y sentido del humor. Hoy agregaría creatividad y espiritualidad como sentido de trascendencia, y no como religión.

Hemos dado un nuevo paso en nuestro camino a la libertad, el de entender lo femenino y lo masculino como un proceso de integración, y no como una predeterminación definida y rígida de identidad. Ahora veremos los cambios sociales que hay que generar desde el mundo interior para ir liberándonos de estos modelos patriarcales que nos quitan libertad tanto a hombres como a mujeres y que ha sido toda una revolución en estos últimos tiempos del "Ni una menos", el "Me Too" y tantos otros que nos han hecho aprender a todos y todas. Éste es, sin duda, otro camino hacia la libertad.

Quiero hacer un apartado antes de comenzar el próximo capítulo, es como una declaración de principios y consiste en transmitirles que no soporto la palabra *tolerancia*. Todos podrán decir que para llevar a cabo estos cambios que estamos transitando se necesita como condición básica desarrollar esta palabra en el corazón de todos y todas. Bueno, en mí no van a encontrar esta palabra, por lo menos desde lo positivo, ya que en el sentido más profundo me parece una palabra antidemocrática, jerárquica y que envuelve un sentido de superioridad que no me gusta.

En el discurso es como si yo dijera: "Yo, que soy tan buena, te tolero en tal o cual característica distinta a mí". En este sentido, esta palabra refleja un esfuerzo que hace el que tolera —con un cierto dejo de sacrificio—, que no parece genuino ni generoso.

Creo que la palabra que tenemos que desarrollar y que, por cierto, es mucho más difícil, es la palabra *aceptación*. Esta palabra sí que es genuina, generosa y democrática. Es una palabra que lleva implícita un compromiso emocional y una mirada hacia el otro cariñosa e igualitaria.

Por eso, en lo queda de este camino, usaré esta palabra para hablar de una real inclusión, y como un requisito fundamental en la trama social para permitir que el otro sea lo que quiera ser, desde la bondad y el crecimiento espiritual profundo.

Ojalá todos y todas hiciéramos este trabajo interno de aceptar desde el corazón la diversidad en el sentido más amplio, y no desde una tolerancia que sólo parece ser un esfuerzo intelectual.

Capítulo 4

La libertad de la equidad

Me he tomado varios días para escribir este capítulo, y no porque no tenga la información a mi lado, sino porque es el que más compromiso emocional requiere y más trabajo interior, debido a la honestidad que quiero reflejar en él.

Pocas cosas han sido más importantes en el mundo que la activación masiva del feminismo y la reeducación en nuestras cabezas de un modelo que tiene siglos y que, si bien afecta más a las mujeres, nos tiene atrapados a todos y todas.

En mi propio camino como mujer, hoy de cincuenta y tres años, he aprendido formas de mirar y de analizar realidades privadas y públicas que como se plantean actualmente me parecen impensadas desde hace décadas. Para poder analizar este fenómeno es fundamental introducirse en lo que se denomina *modelo patriarcal*. Intentaré explicarlo fácilmente: este modelo es como una red que se teje en lo más profundo de la sociedad y que va desde el lenguaje hasta la forma de mirar y funcionar tanto en lo femenino como en lo masculino. Este modelo es la instauración de lo masculino en todas las redes de transmisión del poder en la sociedad, va desde lo social hasta lo cotidiano y se refleja, por ejemplo, en el lenguaje que usa el masculino para conceptos genéricos —"mis padres", "mis hijos", ¿cómo están todos?—, sin dejar claro si en esas verbalizaciones se incluye o no a una mujer. Yo, por ejemplo, tengo un hijo y una hija y he tenido que hacer el ejercicio consciente de hablar así y no referirme a ellos como "mis hijos", anulando en la expresión la identidad femenina de mi hija Nicole.

Ni hablar de aquella regla social que funciona en la mayoría de los países de ponerles a los bebés primero el apellido del padre o del orgullo de una familia de tener un hijo varón que dará continuidad a ese apellido. Afortunadamente, hoy hay excepciones legales y espero que lleguemos a una instancia en donde elegir qué apellido va primero no resulte algo extraño, sino un modo distinto, pero igualmente válido de enfrentar la identidad de un bebé.

En este sentido, el "todos y todas", que se ha puesto de moda últimamente, me parece fundamental, porque abre y reconoce ambas identidades, y si bien es un ejercicio consciente que hay que poner en práctica, creo que vale la pena hacerlo.

El "todes" que algunos han optado por usar no creo que se instale, pero sí valoro el esfuerzo de hacernos pensar en un lenguaje nuevo que nos incluya a todos y todas.

El modelo patriarcal establece una forma de poder que hace que lo masculino gobierne todos los espacios; en ese tejido, además, prima una estructura determinada por la violencia y la competitividad.

Hace no muchos años, el espacio de lo público era dominado por lo masculino y parecía que no había discusión al respecto, porque todo estaba "ordenado" y "claro", sin lugar a la discusión. Lo masculino se movía en lo público, no interesándole demasiado lo privado, y lo femenino quedaba relegado a lo privado sin ninguna o muy poca posibilidad de entrar en lo público, por mucho que le pudiera atraer.

Cuando se inicia la lucha por la igualdad y las mujeres entramos en lo público, este tejido social se empieza a mover en forma visible, porque comienza a temblar en su estructura cuando aparecen mujeres feministas externando su opinión.

Un ejemplo ilustrativo del dominio masculino del sistema es que los costos sociales más caros los pagan las mujeres. Esto va desde la responsabilidad de la anticoncepción —como si los bebés los hiciéramos solas— y los costos del seguro social que son brutalmente más altos para las mujeres, hasta las jubilaciones, ya que, en nuestro recorrido, las mujeres tenemos muchas ventanas de no cotización debido a las renuncias que hemos hecho en beneficio de los hijos e hijas, costos que los hombres no pagan.

Si seguimos mirando nuestro sistema desde lo legal o en el funcionamiento de los beneficios sociales, si bien hemos avanzado mucho, a todas luces y en todos los sectores sigue siendo injusto.

Todavía hay países en América Latina donde se alimenta primero al hijo varón porque se supone que él será quien sacará a su familia de la pobreza o se hará cargo de ella en el futuro. Se sigue pensando —y lo digo con horror— que las mujeres "inteligentes" igual tienen que buscarse a un hombre productivo para que "las mantenga" y les dé "una buena vida".

Todavía está instalado en la vida familiar que los éxitos con los hijos e hijas son de toda la familia y los fracasos de la madre.

Sigue escuchándose en muchos hogares que hay tareas para hombres y otras para mujeres y que ambos se deben comportar y hacer cosas diferentes tanto en lo privado como en lo público.

No quiero ser fatalista, evidentemente hemos avanzado mucho y hoy las mujeres participamos en casi todos los espacios sin ningún problema, pero para definir este entramado tengo que mostrarles cómo funciona en lo cotidiano.

Nunca me voy a olvidar de una mujer que hace muchos años en un taller me contaba la siguiente historia: ella tenía un hijo y una hija. Me cuenta que son adultos y que ambos tienen pareja; su hija tuvo mucha "suerte" porque "encontró" a un hombre tan bueno, pero tan bueno, que le compra de todo, la lleva de viaje, la mima y le regala joyas, entre tantas otras cosas.

Yo le respondo: "Mira, qué bien" y le pregunto por su hijo, del cual no me había dicho nada. La mujer cambia la cara en forma repentina y visualizo en ella cierto grado de angustia; comienza a decirme: "Ay, Pilar, él no tuvo la misma 'suerte'... le 'tocó' una mujer que le pide de todo, viajes, joyas y tanto mimo que tiene a mi hijo agotado".

Yo la miré con asombro y le dije que lo que me contaba casi parecía un chiste de una rutina humorística; al mostrárselo de forma evidente, se rio con asombro y vergüenza y apenas ahí se dio cuenta de que toda su verbalización estaba teñida de un machismo tremendo.

Esta historia muestra lo difícil que es el cambio, que

una cosa es la efervescencia social y el oportunismo frente a estos nuevos movimientos, y otra muy distinta son las transformaciones que debemos hacer en nuestras cabezas para romper los mandatos machistas con los que crecimos.

En las familias se sigue educando con libertades e ideas distintas a las "niñitas" y a los "niñitos", cubriéndolos de miedos y limitaciones que probablemente marcarán sus historias para siempre. En este sentido, creo que hoy la sociedad debe tener una conducta autovigilante para detectar estas trampas en las que nos metemos día a día sin darnos cuenta y que determinan nuestra conducta y nuestra forma de pararnos en el mundo.

Aquí se hace central abrir la cabeza a lo que se denomina *micromachismos*, esas pequeñas palabras y conductas que perpetúan el modelo patriarcal. Quiero mencionarles algunas de las más repetidas entre los cientos de personas con las que conversé en esta investigación. Es importante poner atención a estos detalles y entender que podemos cambiar las cosas desde la forma para modificar su fondo. Los ejemplos que voy a exponer están principalmente dentro del discurso femenino, aunque también en el masculino.

Uno de ellos es cuando las mujeres que trabajamos fuera de casa decimos "Yo trabajo", en contraposición con las que no tienen un empleo fuera del hogar. Esta frase deja implícito el nulo valor que damos a las labores domésticas, lo cual sucede porque en este modelo patriarcal ganar dinero es la única fuente de valía y, en este sentido, el trabajo doméstico resulta "fácil y sin importancia". Más aún, puede incluso tener una connotación negativa adicional si se entiende que es ahí donde se gastan los recursos generados afuera.

Lo que todos y todas debiéramos decir a partir de estos cambios es: "Yo trabajo fuera de casa", para así validar y respetar a las personas que, voluntariamente o no, lo hacen dentro.

En este mismo contexto, las personas que trabajan en sus casas deben —como un ejercicio de autorrespeto— dejar de decir que sólo son amos o amas de casa o, peor aún, cuando dicen: "Yo no hago nada, estoy en la casa".

Esto lleva a algo más profundo que yo explicaba en mi libro *Educar para sentir, sentir para educar*, y que tiene que ver con la supremacía de lo cognitivo por sobre lo humano y donde lo que "se estudió" parece ser lo único importante para lograr un estatus social adecuado. Si a esto se le agrega la importancia de lo económico, la valoración de los oficios hoy es francamente nula.

Cuántas veces escuchamos entre mujeres —lo que da más vergüenza aún— decir de una mujer que es ama de casa y que, por ejemplo, va al gimnasio: "Ah, es que ella puede porque no tiene nada que hacer; yo que trabajo no tengo tiempo".

Ésta es una de las estructuras que va desde lo pequeño hasta lo más profundo y que muestra una forma de vernos que me parece importante detectar para poder modificar.

Otra conducta machista que también tiene estos filtros micro es esa concepción de que las mujeres tienen o no "la suerte" de "encontrar" a un "buen hombre". De esto se podría desprender que son pocos los hombres buenos, lo que es mentira, aunque tengo que reconocer que no todos dan el ancho frente al tremendo crecimiento interno y externo que han venido experimentando las mujeres.

Sigamos con esta conducta micromachista que se refleja en frases como: "Mi pareja es tan buena que me *ayuda* en la casa o con los niños". Lo que hay detrás de expresiones como ésta es la profunda convicción de que la responsable del mundo privado es la mujer y que el hombre lo que más llega a hacer es ayudar. En la base de esto volvemos a encontrar el poder de lo económico; resulta urgente cambiar, por ende, el concepto de ayudar por el de compartir responsabilidades, porque la verdad es que en un hogar nadie "ayuda", lo que debiera suceder es que las funciones gratas e ingratas se dividan en beneficio de todos y todas los integrantes de la familia, lo que incluye a los niños y niñas que, en función de sus edades, deben también participar en la distribución de tareas.

Es muy loco que este paradigma no se modifica ni siquiera cuando la mujer trabaja fuera de casa; esto sucede porque ella sigue sintiendo en lo profundo de su ser que, si no hay pan en la casa, es su responsabilidad; lo mismo pasa si un hijo o una hija se enferma, entre muchos otros ejemplos.

Tengo que reconocer —como lo dije en el capítulo anterior— que esto ha cambiado mucho en las generaciones más jóvenes; las mayores, desafortunadamente, todavía presentan muchas contradicciones y angustias para enfrentar este tema.

Una forma de funcionar que es, por lo menos, llamativa, es lo que ocurre en las relaciones de pareja frente a la infidelidad, particularmente cuando a las mujeres nos son infieles con otra mujer. Es realmente asombroso cómo en la mayoría de los casos la rabia, el dolor y los deseos de venganza apuntan a la otra mujer más que al hombre, que era quien tenía el compromiso de fidelidad con nosotras. No me deja de sorprender cómo hasta el día de hoy y con los tiempos que corren se siga diciendo "ella lo embrujó", "ella se le tiró encima" y tantas otras frases que indican que somos las mujeres quienes instamos y provocamos a los "pobrecitos" que sólo se dejaron llevar porque "no podían hacer otra cosa" para ser considerados hombres, "machitos" y "varoniles".

Cada vez que lo pienso me parece un horror cómo ellos quedan como unos imbéciles, descerebrados y sin voluntad frente al "maleficio" femenino.

En este ejemplo se muestran brutalmente las consecuencias del modelo patriarcal en el que vivimos. De más está decir que esta misma lógica se repite cuando a un hombre que tiene muchas mujeres se le considera "un número uno" o "un semental", mientras que a una mujer con la misma conducta se le llama prostituta, entre muchos otros calificativos despectivos.

¿Cuándo en este camino para alcanzar la libertad de ser quienes somos, seremos vistos como iguales, sin que haya un juicio de género, sino ético para ambos? Si bien en mi generación veo cambios y aprendizajes que me gustan y emocionan, creo que en esto nos faltan varias generaciones para avanzar.

Otra conducta que quiero analizar es la que tiene relación con la definición de éxito en lo femenino y masculino. Lo planteo porque a mí me ha tocado vivir esta discriminación en muchas ocasiones.

Hace ya nueve años que mi vida funciona la mitad del mes en Chile y la otra mitad fuera, dando conferencias en toda Latinoamérica. Nunca un o una periodista deja de preguntarme lo siguiente: "Pilar, ¿cómo has hecho para equilibrar la educación de tus hijos con tu éxito en América Latina?".

Frente a esta pregunta, lo primero que hago en forma casi automática es aclarar que tengo un hijo y una hija, y después pregunto, asumiendo "cierto grado de ingenuidad", si esa misma pregunta se la harían a un hombre que, al igual que yo, está quince días fuera de su casa por la razón que sea. La respuesta es siempre: "No, no la harían".

Ante esto he aprendido a decir que hasta que esa pregunta no se les haga también a los hombres, yo no la voy a contestar. Y la razón es muy simple o quizá muy compleja. Me parece que no es justo que esos quince días para un hombre sean sinónimo de éxito laboral y que para mí signifique abandono de hijos. No me parece que las culpas se nos tengan que achacar sólo a nosotras y que ellos no lo vivan igual.

Si hablamos de éxito, que sea igual para ambos, y si hablamos de culpas también asumámoslas hombres y mujeres juntos.

En este sentido, es brutal el peso que tiene la maternidad en la relativización del éxito laboral femenino. Nunca voy a olvidar de cuando una periodista a la que le contesté lo que les acabo de contar, me dijo: "Es que esa pregunta se hace para mostrarles a otras mujeres que se puede hacer ambas cosas: educar a los hijos y tener éxito laboral". Frente a esto que suena congruente, le dije que creía que era igual o más importante entonces hacerles esa pregunta a los hombres para que entendieran que el éxito laboral no es incompatible con una paternidad afectiva y presente y un rol de pareja amoroso y activo.

Este modelo patriarcal, que asume que el éxito laboral y la maternidad operan en veredas distintas, lo viven dramáticamente las mujeres que deciden no tener hijos y que, por lo mismo, tienen que soportar todo tipo de preguntas y miradas suspicaces. Aquí creo que es importante mencionar otra consecuencia de este modelo, que tiene que ver con esta educación en la envidia y la enemistad ancestral entre las mujeres. Nos educaron para que fuéramos enemigas y para, literalmente, pelearnos por los hombres. Es parte del inconsciente colectivo, por ejemplo, el que una mujer dispute el corazón de su pareja con el de su suegra, imagen antigua de una señora entrenada para ser desagradable y competitiva por el amor de su hijo.

Este mito —porque eso es lo que es— se ha ido develando como tal con el avance de los tiempos, pero no deja de revelar que nos falta mucha más solidaridad femenina.

Los chismes, las descalificaciones relacionadas con el cuerpo, la inteligencia y los valores son todavía horrorosos entre nosotras, aunque la buena noticia es que esto ha ido mutando hacia una sensación de tribu que hoy se maneja en el mundo femenino. El valor de las amigas, por ejemplo, le da un sentido atávico a los aquelarres y los encuentros de mujeres. La mejor expresión de esto son los grupos de WhatsApp que, si bien muchas veces parecen agotadores por la cantidad de intervenciones, se transforman, dependiendo de la ocasión, en cadenas de oraciones, datos domésticos y análisis de la actualidad donde podemos llorar y reír con la misma intensidad.

Mucho más profundo que lo anterior es el nuevo concepto de *sororidad*, el que aprendí hace poco en Argentina y que tiene que ver con cambiar este paradigma de que somos enemigas por la idea de que somos hermanas de la vida, en las que podemos encontrar apoyo frente a nuestros dolores y, sobre todo, credibilidad a la hora de denunciar abusos y acosos de todo tipo. Esto, sin duda, es un avance maravilloso que sueño con ver entre vecinas de una colonia, directoras de un colegio, compañeras de trabajo y tantas otras relaciones con las que nos encontramos todos los días.

Seguramente, podría escribir todo un libro con estas muestras cotidianas de machismo y de cómo el poder de lo masculino se cierne en la vida de todos y todas. Seguramente, leer las que les acabo de mostrar les hará ver otras que sería maravilloso que compartieran.

El modelo patriarcal fundamenta su poder sobre todo en lo económico y lo sexual, y la emoción gatillada para perpetuar ese poder es el miedo.

A lo largo de este capítulo se han comentado ciertas formas de ejercicio de poder desde lo económico, pero ahora veremos cómo se entrelaza lo económico con lo sexual, generando un terreno fértil para las peores formas de violencia, que son el acoso, el abuso, la violación y, en su extremo, el feminicidio.

La expresión de la sexualidad masculina desde siempre se ha apreciado como algo incontrolable. Ésta es una creencia machista muy peligrosa, ya que fundamenta que los estímulos externos son los que provocarían que el hombre no pueda y, lo que es peor, no deba controlarse en relación con su deseo sexual.

El deseo sexual femenino, por otra parte, siempre se ha entendido exclusivamente desde lo afectivo, relegando lo más individual y físico sólo a los hombres. Con esto nos quitaron a nosotras la posibilidad de conocer nuestro cuerpo y vivir, por ejemplo, la masturbación como un proceso normal y sano y, a ellos, la posibilidad de experimentar la sexualidad vinculada con lo emocional. Nadie ganó con este sistema.

Si además de esto, a las mujeres se nos educó diciéndonos que el amor viene asociado al sufrimiento y que pruebo que amo en la medida en que soy capaz de soportar —como si el sufrimiento fuera una prueba de amor—, el tejido que se forma es, por lo menos, aterrorizante.

Esta educación ancestral, que hizo al hombre activo y a la mujer pasiva, entra en crisis cuando el hombre, con la libertad que le confiere la historia y el dominio de lo público, se lanza sobre la mujer pasiva con el fin de abusar de ella.

La calle, por ejemplo, fue durante mucho tiempo totalmente dominada por los hombres, y éstos hacían ahí lo que querían; podían orinar, tirar basura, escupir y exhibir su cuerpo junto con tantas otras cosas que estaban vetadas para las mujeres. Los clubes, los casinos e incluso los bares eran de dominio masculino y era, por lo demás, muy mal visto que a las mujeres nos vieran allí.

Si bien hemos avanzado mucho, todavía en algunos sectores de esta sociedad las mujeres seguimos restringidas a movernos por determinados lugares y en ciertos horarios, teniendo que discernir cuidadosamente qué nos ponemos para "no despertar al monstruo incontrolable del hombre".

Cuando escribo esto se me eriza la piel al ver cómo estamos condicionadas desde pequeñas a sentir miedo y a funcionar con los códigos masculinos en casi todas las situaciones. Aquí quiero dejar claro que esta forma de comportamiento no es perpetuada sólo por los hombres, sino también por las mismas mujeres en calidad de madres, abuelas o amigas que refuerzan este tejido patriarcal.

Qué cierta es la frase que escuché en un taller que afirma que cuando una mujer recuerda y habla de situaciones de abuso o acoso, todas recordamos las propias. Cuánto nos falta como sociedad escuchar todos esos testimonios y cuánta falta nos hace hablar para que otras puedan recordar y ponerle nombre a lo que vivieron.

La base de que todo esto se perpetúe en el tiempo es la normalización, suponer simplemente que "así son las cosas", que "los hombres son así", que la culpa está en la provocación de la mujer, etcétera.

Todas las mujeres, sobre todo las de más de treinta años, en algún momento de la vida hemos sido víctimas de algún tipo de abuso o acoso que apenas en estos tiempos los estamos llamando como tal. En esos momentos, cuando los experimentamos, los vivimos con culpa, miedo e incomodidad, pero —y esto es lo que me parece más atroz— con cierta sensación de estar cumpliendo lo que se esperaba de nosotras, que era ser capaces de atraer y "gustarle" al otro.

En situaciones de abuso, las mujeres experimentamos una contradicción brutal entre que por una parte nos da asco y miedo, y lo sentimos como violencia, pero, por otro, algo en nuestra cabeza nos dice que estamos cumpliendo el mandato social femenino de "complacer al hombre". Lo que surge desde ahí es angustia, vergüenza y culpa.

Recuerdo haber vivido esa contradicción las veces que me agarraron el trasero en un autobús o se me acercaron impropiamente en el metro para hacerme sentir el pene erecto de un desconocido o de un hombre anciano; también cuando en otro autobús alguien me metió la mano por el pantalón para tocarme la vagina y yo paralizada lo único que pude hacer fue cambiarme de asiento en silencio.

¡Ay, Dios, hoy actuaría tan distinto en esas situaciones! Si bien la perplejidad como una conducta automatizada es difícil de reaprender, seguramente hoy enfrentaría estos escenarios de una manera mucho más activa.

Es muy loco, pero estas situaciones que viví no las conocen ni mi padre ni mi madre, quienes se deben estar enterando de ellas al leer el libro de su hija. La verdad es que, entre la vergüenza y la culpa, para las personas de mi generación éstas eran cosas que no se le contaban a nadie, ni siquiera a las amigas.

Me acuerdo de una vez que iba con unas amigas en una galería comercial muy oscura en la cuidad donde nací; al frente y en contra nuestro, venía un grupo de alumnos de otro colegio de la cuidad. Al pasar por nuestro lado, ellos rápidamente nos tocaron por encima del uniforme escolar la zona genital y salieron corriendo muertos de la risa. Yo ni siquiera recuerdo con quién iba, pero estoy segura de que la parálisis con la que quedé me impidió comentarlo con nadie.

Es una mezcla tan rara entre asco, terror y tarea femenina cumplida, que, hasta el día de hoy, a mí y a muchas mujeres nos da taquicardia y angustia ver a un grupo de hombres por la calle, lo que seguramente nos hará cruzar de acera o ir mirando siempre hacia atrás en respuesta a las múltiples veces que nos siguieron y que terminamos tocando las puertas de otras casas para que se fueran.

Pregunto con rabia: ¿por qué nos enseñaron a caminar con miedo a que nos hicieran algo o a escuchar o ver cosas impropias de índole sexual sólo porque a ustedes, varones, se les ocurrió que no sólo las calles, sino que también nuestros cuerpos y nuestras vidas les pertenecían?

No quiero con esto parecer que estoy en contra de los hombres y que esta revolución es de las mujeres contra los hombres, porque no creo que sea así. Ellos también han sido muy dañados por el sistema patriarcal y sería bueno que tomaran conciencia de esto, para que desde ahí podamos en conjunto modificar las cosas.

El mandato de la masculinidad es horroroso: educados para competir y ganar siempre y para estar permanentemente probándose lo "hombres" que son; se les prohibió la expresión de sus emociones, porque eso era femenino; se les encadenó con la productividad y el rendimiento y se les asignó el rol de proveedores. Les enseñaron a seducir desde el poder de lo económico y lo sexual, frente a lo cual les tengo una muy buena —o mala— noticia: hoy ninguno de esos valores tiene tanta importancia. Les guste o no, hoy ya no basta con tener dinero, tendrán que empezar a hacer algo que las mujeres llevamos siglos aprendiendo y es ser encantadores, inteligentes, buenos para hacer reír y conversar y, sobre todo, escuchar a sus parejas.

Esto, sin duda, tiene que ver con el ingreso de la mujer al espacio público, lo cual confirma que la independencia económica es la mejor forma de alcanzar la equidad. En esto hay que decir que hay muchos hombres —principalmente jóvenes— que se subieron al carro de esta revolución y que con ellos se podrá hacer el cambio real que ambos géneros necesitamos para desarrollar esa libertad que todos y todas estamos buscando.

En este nuevo paradigma, muchas cosas sin duda cambiarán, pero otras no tienen por qué desaparecer; me refiero a la conquista y la galantería, siempre y cuando éstas se desarrollen en un contexto consensuado. En este sentido, no tengo por qué aceptar que en la calle cualquiera me diga que tengo senos grandes, porque eso es acoso callejero, lo cual es y será una conducta agresiva e incómoda para el que lo experimenta.

Seguramente, llegaremos a términos medios, pero, como todo cambio social, requiere de los extremos para expresarse y así llegar a un punto de equilibrio. Esto se los digo a aquellos hombres que hoy piensan que "no se puede decir nada" y que se sienten desencajados en sus aprendizajes de identidad. La verdad es que no se puede decir nada que vulnere y que haga sentir incómoda a la otra persona. Todo debe ser consensuado. "No" significa "no", no "insiste o prueba de otro modo"; es de aquí desde donde se inicia uno de los movimientos más interesantes de los últimos tiempos: el "No es no". Esta tremenda frase todavía no es del todo entendida por la estructura machista, pero cada vez las mujeres tenemos más claro que debemos ser claras y precisas en la forma de expresarlo. De hecho, la policía, a la hora de determinar si una persona fue o no víctima de una violación, intenta comprobar si este "no" se expresó de forma explícita.

Esto lleva a un cambio cultural fundamental en lo sexual y que requiere modificaciones en todas las áreas sociales donde parece que, por fin, el llamado es a aprender a desexualizar la relación hombre mujer hasta que no haya una expresión de consenso entre ambas partes. El consenso es fundamental en el camino de nuestra libertad y forma parte del cambio cultural que estamos viviendo.

Esta desexualización es el aprendizaje más importante de la sociedad de este siglo, donde el objetivo es que seamos vistos y vistas como seres humanos que merecen igual trato y condiciones, y no como hombres y mujeres sexuados. Esto requiere cambios tanto en lo masculino como en lo femenino y pasa, sobre todo, por la educación. Es aquí donde adquiere sentido la condena al acoso callejero y la reevaluación del llamado piropo y todo tipo de abuso, que en su forma más extrema puede terminar en violación o asesinato.

La violencia es algo que las mujeres aceptan en ese entendido que comentábamos anteriormente de que el amor va unido al sufrimiento y el sacrificio. En las generaciones más jóvenes, esto se está volviendo peligroso, porque las chicas están escogiendo los peores hombres para enamorarse y así "trabajar" en su rehabilitación; ésta sería una forma de entender el amor como adrenalina. Pareciera que el tipo noble, educado, cariñoso, fiel y trabajador les resulta aburrido, mientras que el que les dice "te llamo" y no lo hace, haciéndolas sentir toda esa sintomatología adrenalínica (dolor estomacal, taquicardia, insomnio, etcétera), es quien les provocaría mayor atracción.

Un escenario de este tipo es propicio para que vayan apareciendo potenciales víctimas de violencia. Desde la "preocupación" se va tomando control de la persona, primero haciéndole sentir que los celos son una expresión de cariño, después controlando su forma de vestir, sus claves, su economía, etcétera, para terminar minando su autoestima y aislándola de amigos, amigas y familiares. Aquí ya estamos frente a un terreno fértil para empezar con el maltrato psicológico ("eres tonta", "eres fea", "estás loca", "mira cómo te vistes", "no puedes estar sin mí", entre tantas otras); el paso de aquí a la violencia física parece la consecuencia natural.

En psicología se usa una frase que en este contexto hace mucho sentido: "Si algo ocurre una vez, existen muchas posibilidades de que haya una segunda, pero si ocurre una segunda, de todas maneras habrá una tercera". Por lo tanto, es esencial enseñar y aprender a detectar estas señales iniciales para que nunca ocurra esa primera vez y que jamás llegue a pasar una segunda.

En situaciones de violencia, el control se establece por ciclos que pasan por la llamada "luna de miel", donde se compensa el daño y se enuncia una frase que mantiene el circuito: "Es la última vez". Esta maldita frase que, además, generalmente viene unida a otras como: "Tú lo provocas", nunca, pero nunca se debe creer, a no ser que venga con un certificado psicológico que compruebe que la persona trabajó sus problemas de violencia.

Éste es el circuito de la violencia de género, que comienza con la normalización de muchas conductas como el uso de palabras impropias y gestos que parecen sin importancia, pero que son la puerta de entrada a un círculo perverso.

Quiero mencionar una de estas frases horrorosas que están normalizadas y que es propia de Chile. En mi país, en la etapa del noviazgo, cuando uno de los integrantes de la pareja termina con el otro, se dice "lo pateó". Esta palabra, en lo explícito e implícito, expresa que para terminar una relación habría que darle un golpe a la otra persona; yo misma la he usado, sin tomar conciencia de lo que estaba diciendo. Hay, de hecho, en Chile un proyecto de ley (Ley Antonia) que espero se apruebe, que sanciona la violencia en esta etapa del noviazgo, un momento crítico para todo lo que pueda venir después.

Esto adquiere aún más relevancia cuando nos damos cuenta de que la gran mayoría de las agresiones ocurre con gente cercana, familiares, jefes, etcétera, donde se mezclan los vínculos de poder y afecto. Por eso muchas veces cuesta no creerle al victimario cuando dice que es inocente, porque hay toda una estructura social que lo protege.

La sociedad nos enseña a confiar en las personas y eso nos da calma; si sospecháramos que todas las personas que nos rodean tienen una faceta de abusadores, se rompe el pacto social y no podríamos vivir en paz.

En este marco, frente a una situación de abuso, la primera respuesta social es dudar de la víctima y no del victimario; salen a la luz muchos aprendizajes patriarcales que van por esta línea: "Algo debió hacer ella..., ¿cómo anda vestida así ¡y a esa hora!?".

Por eso es fundamental aprender lo que se llama *perspectiva de género*, que apela a que no hay que considerar la palabra de la víctima como igual a la del victimario, porque el tejido de la relación no es igualitario, no parte de las mismas condiciones. Por eso la perspectiva de género, por principio, siempre le cree a la víctima, porque además tiene claro lo difícil que es probar las situaciones de abuso y lo importante que es proporcionarles a las víctimas contención y credibilidad.

Es fundamental educar en esta perspectiva a todo nivel, desde las urgencias médicas que reciben las denuncias hasta la policía y las fiscalías que las trabajan. No es lo mismo atender un asalto que una violación, y esto debe ser claro para toda la sociedad.

Dicen que las violaciones se parecen más a una estafa que a un asalto a mano armada, y en este sentido requieren que se entienda que la confusión, la culpa, el miedo y la vergüenza que sufre la víctima pueden hacer perfectamente posible que ésta nunca lo cuente o se demore años en ponerle nombre a lo que le sucedió. Por eso, estos delitos no deben prescribir en la justicia.

En este sentido, no es válido preguntar "¿Por qué no lo contó inmediatamente?". La respuesta es que se cuenta cuando se puede y cuando se está preparada para nombrarlo y definirlo, para lo cual es fundamental sentirse contenida.

Cuando una víctima de violación cuenta lo que le pasó, vuelve a vivir la agresión, experimentando incluso las mismas sensaciones. Esta situación muchas veces se ve alimentada con más violencia cuando, por ejemplo, en las unidades de urgencia se escuchan cosas como "Todas dicen lo mismo" o "¿Te gustó?".

Por eso, es urgente que la justicia actúe rápido y en forma eficiente y que esté preparada para este tipo de situaciones. Como eso no se da, al menos en América Latina, lo que ha empezado a pasar es que se hacen denuncias mediáticas para que por lo menos haya una sanción social frente a la situación vivida y el dolor acumulado. Esto puede llegar a alterar los procesos judiciales e incluso, en algunos casos —los mínimos, por cierto, de acuerdo con los datos encontrados—, a que personas que fueron denunciadas socialmente terminen siendo inocentes en el proceso judicial.

Esto plantea que sea de extrema urgencia que los tribunales actúen en tiempo y forma para que no sea necesario usar la prensa o las redes sociales —como ocurre hoy— para hacer justicia. A esto hay que agregar que necesitamos jueces que estén preparados para abordar los casos desde la perspectiva de género, superando el modelo patriarcal y dictando sentencias de manera justa.

En estos últimos tiempos hemos visto emerger movimientos maravillosos que contienen y apoyan a mujeres que han sufrido acoso, abuso y violación; las campañas "Ni una menos", "Me Too" o "Mira cómo nos ponemos", de Argentina, configuran una revolución de las mujeres que no tiene vuelta atrás. Ya no nos callaremos más y estaremos informadas y seremos capaces de decir aquellas cosas que nos pasan y que son una consecuencia perversa de esta cultura patriarcal.

Después de todos estos aprendizajes vividos en estos últimos años y gracias a la información que me entregaron cientos de personas, creo que estamos frente a un cambio social y cultural que llegó para quedarse y que irá abordando otros temas como mejorar la justicia, legislar sobre el aborto, etcétera.

Quiero decir aquí que las víctimas de violencia no son sólo femeninas, también hay hombres que sufren violencia y cada vez son más los que se están atreviendo a denunciar. Ellos también viven el mismo proceso descrito y, por supuesto, necesitan ayuda y las victimarias una sanción urgente.

No me voy a meter aquí en los términos legales, como en las perimetrales que no se cumplen, mostrando lo analfabetos que somos en estas materias. Lo mío es mostrar estas reflexiones como uno de los obstáculos más importantes para ser libres.

El silencio, pocas veces mencionado, puede ser una terrible forma de agresión que genera mucho daño porque la víctima se siente ignorada en lo más esencial de su identidad. El mensaje es "para mí no existes" y eso, según los testimonios, duele más que un insulto.

Cuando trabajaba este capítulo no pude dejar de reconocer que sufrí violencia y me costó llamarla así, que debe ser lo que le pasa a la gran mayoría de las mujeres. Uno tiende a explicarlo y no pocas veces a justificarlo; sólo el crecimiento personal nos permitirá definirlo como lo que es. Creo que es importante ver y entender que esto le ocurre a mucha gente y trasciende lo intelectual, lo cultural, lo socioeconómico y la autoestima de las mujeres. Al trabajarlo en terapia he podido sanarlo y hoy soy capaz de ver lo que me llevó a entrar en este círculo de violencia.

Si reviso mi historia, evidentemente, la conexión del amor con el dolor fue clave, y la necesidad de sentirme necesitada también me hizo creer que el arrepentimiento era genuino. En mi caso, afortunadamente, lo físico fue muy leve, pero lo psicológico fue un peso que me agobió por mucho tiempo.

Termino de escribir este capítulo y tengo que reconocer que estoy sudando y con taquicardia; lo reviso y lo leo una y otra vez. Quiero que mis propios condicionantes no aparezcan o aparezcan lo mínimo posible y, si lo hacen, que yo sea capaz de darme cuenta.

La violencia es una red que nos atrapó a la sociedad en su conjunto y somos todos responsables del cambio. "Machistas rehabilitados", "feministas incipientes", mujeres feministas y tantos y tantas otras debemos hacernos parte de esta nueva forma de ver y de vernos.

Yo no me siento una feminista extrema; agradezco, no obstante, a todas las feministas pasadas y presentes que trabajaron para que yo esté donde estoy, y además valoro y le agradezco a muchos hombres renovados que comparten mi camino. Mis abuelos y mi padre me han enseñado mucho, pasando por las parejas que me han acompañado por poco o mucho tiempo. Soy pro-persona, no me importa el género ni las definiciones de identidad. Valoro las diferencias y trabajo por la igualdad de todos y todas, incluyendo, por supuesto, a las personas LGBTI que, afortunadamente, también han avanzado en el ejercicio de sus derechos.

Me alegra sobremanera que el matrimonio homosexual esté cada vez más cerca y cómo la realidad de personas trans ha podido ir haciéndose un espacio en la vida social. Hoy, en algunos de nuestros países, por ejemplo Argentina, se ven grandes avances en este tema, avances que debiéramos imitar.

Afortunadamente, ya no se usan expresiones como "Él tiene buena mano", referida a mujeres que se ven guapas y radiantes. Me da mucha rabia que culturalmente se asuma que las mujeres estamos bien cuando tenemos a un hombre a nuestro lado, y tristes y de mal humor cuando no. Cada vez es más frecuente la alternativa real de no tener pareja y eso no significa ningún problema psicológico, sino sólo una opción, como tantas otras, de vivir en paz y en plenitud con uno mismo.

Por suerte quedó atrás el que nos arreglemos para ellos y que nuestros procesos afectivos estén determinados, para bien o para mal, por los hombres. Ya no vamos ni detrás ni delante de los hombres, sino que caminamos a su lado.

En nuestro camino de alcanzar la libertad de ser quienes somos, al menos intentar mirar de manera distinta esta realidad parece ser clave, ya que no hay libertad si no hay igualdad y ésta se vive valorando la diversidad en su sentido más profundo, cayendo en la aceptación y no en la tolerancia, como afirmaba anteriormente.

Ahora los y las invito a volver a enfocarnos en la libertad interior y los aspectos de ella que debemos considerar para darle sentido de unidad a todo lo que hemos reflexionado en estas páginas.

CAPÍTULO 5

*Desde la equidad
a la libertad de ser quien soy*

Después de reflexionar sobre todo lo que hemos comentado en los capítulos anteriores, pueden pensar que en muchos puntos he tomado posturas muy extremistas, pero creo que tenemos que entender lo que está pasando como todo cambio social, que se caracteriza por oscilar entre polos extremos para luego evolucionar a un término medio.

Estoy segura de que aprenderemos a convivir en el marco de estos nuevos códigos de equidad y así ambos, hombres y mujeres, nos sentiremos más aliviados y fuera de esta trama que nos ha hecho mucho daño.

En este camino es importante entender que nadie puede ser libre si no es responsable primero y que desarrollar esta última condición requiere de cambios educativos importantes. Ahora bien, ¿qué se entiende por responsabilidad? El sentido cotidiano de esta palabra tiene que ver con el "deber ser" y con cosas que ocurren afuera, y no dentro de uno. Para la aventura que estamos planteando, este concepto toma otro significado, porque parte al revés: desde dentro hacia fuera; desde ahí es central desarrollar este término en lo profundo para conseguir conquistar primero el saber quién soy y desde ahí ejercer la libertad de ejecutarlo.

Ser responsable conmigo tiene que ver, en primera instancia, con el autocuidado, con el qué como, cómo duermo, qué hago con mi tiempo libre y dónde están ubicadas mis pasiones y vocaciones. Tiene que ver con mantener "el centro" de un uno en un eje.

En este sentido, la respiración y la meditación pueden ser de gran ayuda. Cuando hago el viaje hacia dentro de mí, requiero, antes que nada, cierta paz externa, contacto con la naturaleza y con el silencio que ella entrega, lo que nos lleva a respirar profundo y a aumentar la sensación de contacto con nosotros mismos.

Una vez establecido ese contacto —que, por supuesto, puede ser hecho en tu habitación o caminando por la calle—, comienza el segundo proceso y es que en forma espontánea a la par con tu respiración empezarán a aparecer imágenes en tu cabeza y sensaciones en tu cuerpo, desde donde se abrirá la hermosa instancia de hacernos preguntas. Algunas de ellas serán simples, otras complejas y en muchos casos te darán miedo las respuestas. Ese temor, ocasionalmente, te podrá llevar a negar esas reflexiones, mientras que otras veces te invitará a hacerte cargo y avanzar.

En muchas columnas que he escrito he mencionado que todos los cambios en la vida requieren sólo un segundo de coraje. Ese segundo puede ser el punto de quiebre de tu vida para abandonar el sufrimiento y comenzar a ejercer la tremenda responsabilidad de ser tú mismo o tú misma. En este instante recuerdo con emoción varios de esos segundos de coraje de tantos y tantas, y los míos propios.

El ejercicio de las preguntas debe ser diario y constante, ya que los desafíos de la vida te ubican muchas veces en ese "no saber qué hacer" y desde ahí hay que estar permanentemente renaciendo.

Todos los días somos iguales y distintos a la vez, y cuando se tiene conciencia de ello es cuando se avanza.

En un libro que me acompañó en esta aventura se nombran ciertos derechos que tenemos las personas, que calzan tan bien con todo lo investigado, que los quiero compartir con ustedes. El libro se titula *Autohipnosis: entrene su mente*, y su autor es Paul Anwandter. En él, el autor plantea que los seres humanos tenemos ciertos derechos que a veces olvidamos, con lo que nos hacemos mucho daño y perdemos libertad.

Después de esta investigación, humildemente podría agregar que estos derechos pueden ser también obligaciones a trabajar si es que queremos ser responsables con nosotros(as) mismos(as), y no como el sistema nos enseña a hacerlo.

Uno de estos derechos es a ser imperfectos y tomar conciencia profunda de esto para recuperar humanidad y cercanía con los otros y con el concepto más profundo y verdadero de fragilidad humana. Esto nos ayuda a desarrollar la empatía y la capacidad de aceptación de los otros y de nosotros mismos.

El segundo es el derecho y la obligación de cuidarnos y tratarnos bien. Para esto, en este libro he entregado varias claves de cómo hacerlo; los que quieran reforzar este punto pueden leer mis libros *Lecciones de seducción* y *Oídos sordos*.

También está el derecho a no competir y ser cada uno nuestra propia referencia, sin mandatos externos ni tanta convención social o religiosa; actuando con amor y respeto esto es posible de conseguir.

Uno de los derechos que más nos gustó tanto a mí como a quienes participaron de los talleres, fue el derecho a dudar y a contradecirnos. Se plantea que, en la vida, uno de los grandes desafíos de las personas es llegar a ser "seguras", y esta seguridad parece ser incompatible con dudar y contradecirse, más aún con cambiar de opinión.

Así como erradamente definimos la fortaleza con un sentido patológico como nunca expresar nuestras emociones porque éstas nos debilitan, así también se nos obliga a mantener posturas que nos hacen rígidos y que muchas veces no van de acuerdo con nuestra evolución como personas.

Esto ocurre desde definiciones de nosotros mismos y nosotras mismas que al día de hoy están cuestionadas, pero que muchas veces se siguen entendiendo como verdaderas. Recuerdo a un hombre en un taller que decía que en su vida él había trabajado mucho su mal humor y que ya no lo tenía, pero cuando le preguntaban sus características, lo seguía mencionando entre las más importantes; eran sus cercanos los que una y otra vez le repetían que ya no era una persona malhumorada.

A una señora le pasaba lo mismo con el desorden: lo había superado, pero seguía siendo parte de su autoimagen.

Estas situaciones empiezan a hacerse notar cuando uno cambia los paradigmas con los que fue educado y que con los años dejan, por distintas razones, de ser válidos para nosotros. A mí, por ejemplo, me pasó con la religión. Si bien cada día soy más espiritual, podría decir que cada día soy también menos religiosa, dado que la Iglesia dejó de ser una institución consistente por los reiterados casos de abuso, la administración de sus dineros, su actitud frente a los homosexuales, etcétera. Creo que este paso ha sido un avance en mi camino hacia la libertad interior y hacia liberarme de muchos mandatos que, para mal, habían definido mi vida.

Esto se los cuento porque parece ser que el camino de la libertad a ser quienes somos pasa, en primer lugar, por tomar conciencia de los mandatos y aprendizajes que nos han marcado desde niños o niñas para, desde ahí, ir uno por uno poniéndolos en duda y así desprogramar todo aquello que nos limite nuestra capacidad de amar, de tener paz y de ejercer nuestra libertad con responsabilidad.

La sociedad ha ayudado mucho en esto y, por lo mismo, hoy hay hábitos y costumbres que han dejado de tener sentido.

Recuerdo que en mi ciudad natal, cuando era pequeña, estaba prohibido el color rojo en casi todos los ámbitos: para las uñas, los labios, los pantalones —peor aún si eran apretados—, etcétera, porque era considerado un color que sólo usaban las prostitutas. Gracias a Dios, muchos de estos prejuicios han ido desapareciendo, dando paso al fondo y no a la forma de las cosas.

Otro derecho que me encanta y que se deriva del primero es el derecho a no ser el mejor y a equivocarse. Esto, sin duda, en nuestra cultura capitalista y competitiva es muy difícil de lograr, pero me parece un lindo desafío intentarlo día a día. Por eso, creo que es fundamental entender que el fracaso no existe, sólo existe el aprendizaje, y que nuestra conducta como alumnos y alumnas de la vida aparece como requisito para poder vivir las cosas dolorosas con calma y agradecimiento. Hay una idea que me encanta y es que el dolor, la rabia, una enfermedad, un duelo, etcétera, son bendiciones disfrazadas para que juguemos, al igual que las escondidas, por descubrir cuál es su misterio.

Otro derecho que me hace mucho sentido y el cual defiendo a ultranza es el derecho a decir permanentemente lo que siento, lo que considera, también, el derecho a llorar, a reír, a tener miedo y rabia; esto por supuesto incluye el derecho a estar triste y no contento(a) todo el tiempo.

Todos estos derechos descritos por Paul Anwandter se enmarcan en uno mayor, que es el centro de este estudio, y que tiene que ver con ser como eres sin esperar la aprobación de los demás. Lo importante es estar centrado, ser honesto con uno mismo y, desde ahí, aceptar que no a todos o todas les gustará lo que hagas, digas o pienses. Esto no va de la mano con la indolencia y con que no nos importe la opinión de nadie más, sino con que uno tiene que seleccionar —y en este mundo con pinzas— a quién tenemos como referente. Un lugar terrible donde ocurre esto son las redes sociales, donde no hay que hacer muchas de las cosas que hacemos para agradar a los demás y tener su aprobación. Si no incomodamos ni decimos que no —dejando de ser lo que somos para que el resto esté contento—, seguramente causaremos una buena impresión en los demás. Al mismo tiempo, estaremos perdiendo libertad interior y llenándonos de miedo y culpa, dos de los ingredientes que se necesitan para dejar ser nosotros mismos.

El compararnos con otros también apareció en los talleres como un impedimento en el camino de la libertad; personalmente, pienso que no sólo no hay que compararse con otros, sino que hay que tener claro que siempre hay gente que es más y que es menos que uno. Por lo tanto, en lo único que hay que centrarse para comenzar el trabajo es en uno y en el presente; el pasado y el futuro no existen y nos quitan capacidad de disfrute. Uno nos llena de melancolía y el otro de angustia. Así como el éxito y el fracaso son dos ilusiones, dos mentiras del sistema para tenernos atrapados en la competitividad.

Otra forma de caminar a la libertad responsable de ser quienes somos es decir "no sé" cuando así lo sintamos. Lo mismo con el "no puedo", "no soy capaz", "no quiero" y el pedir perdón; todos son términos esenciales en este trabajo.

Sin duda nada de esto es fácil ni se adquiere en un momento; estamos hablando de un proceso continuo de batallar con nuestros enemigos internos, de escucharnos y de navegar por la vida con todos los tipos de mareas que ésta trae.

Todos estos elementos nos ayudarán en el recorrido que implica este hermoso desafío de intentar descubrir quiénes somos por sobre lo que hacemos o los roles que ejercemos en el mundo.

¿Se han fijado en la tendencia que tenemos, cuando nos presentamos al resto, de decir lo que hacemos como si eso definiera lo que somos en profundidad?

Somos conocidos por lo que hacemos y no por quiénes somos; además, eso que "hacemos" sólo tiene que ver con nuestros logros cognitivos, y no con lo humano o lo emocional, que nos define mucho más.

Entonces, nació un ser humano, varón o hembra, que a lo largo de su vida tendrá que definir una identidad sexual que le haga sentido y que, en muchos casos, tendrá que

defender enfrentando prejuicios y miedos. Aquí, los hete-
rosexuales lo tienen más fácil; el resto tendrá que batallar.

Ese ser humano tendrá que vencer miedos y culpas
por no ser aprobado y, paulatinamente y con el apoyo de
su familia, tendrá que asumir los riesgos que le llevarán a
probarse para así reafirmar su individualidad sin perder la
capacidad de convivir en el sistema que lo educó.

Es loco, pero llego a concluir algo que me dijo una mujer en uno de los encuentros que tuve en el marco de esta investigación, y es que la vida tiene dos energías que mueven
todo nuestro mundo y marcan nuestras decisiones: el amor
y el miedo; da la sensación de que la que escojamos será el
resultado que tendremos en el ejercicio de nuestra libertad
responsable.

Estamos por terminar esta aventura, en la que llevo casi
cinco años de estudio, y que me ha permitido escuchar a
tantos y tantas para poder compartirlo con ustedes en la intimidad de sus corazones. Veremos en el próximo capítulo
qué conclusiones podemos sacar de esta caminata, si es que
se puede sacar alguna, porque tengo la misma sensación al
escribir que cuando terminaba algún encuentro: aquí hay
más preguntas que respuestas, más puentes que caminos
y más curvas que líneas rectas.

CONCLUSIONES

El 2018 debe haber sido uno de los años más difíciles de mi vida. Tomé contacto con mis enemigos internos, le puse nombre a la violencia que me di cuenta había sufrido y a las estafas emocionales que permití me sucedieran; tuve que enfrentar duelos, decepciones y malas noticias imprevistas que me llevaron a vivir en carne propia el título de este libro.

Tengo que reconocer que la idea inicial de actualizar *¡Viva la diferencia!* quedó pequeña para el misterio que esto terminó siendo. Esa iniciativa se transformó en un camino donde muchos y muchas colaboraron para intentar —no creo que lo hayamos logrado totalmente— descifrar cómo llegamos a saber quiénes somos en realidad, por sobre lo que hacemos o lo que se espera de nosotros.

Esto es un misterio, un laberinto en el que nos pasamos la vida entera sintiendo lo interno y poniéndolo en contraste con el exterior. Es como ir sacando capas de una cebolla y, cada vez que sentimos que llegamos al centro y no queda una capa más, aparece otra y otra que nos obliga a reinventarnos.

Es intentar ser un equilibrista entre nuestros deseos, las presiones que llegan de afuera y tantos mandatos que nos obligan a ser de una determinada manera que para el sistema está bien, pero que no sabemos si lo está para nosotros mismos.

Esto no tiene fin y, al terminar uno de los encuentros, una mujer me dijo algo que debiera ser la conclusión de esta aventura: "Ojalá que la muerte me encuentre siendo lo más yo posible".

Maravilloso, ¿o no? Ésa debiera ser nuestra tarea: viajar hacia adentro de nosotros tan seguido como para no perdernos con lo de afuera. Todos los días sin excepción debiéramos avanzar un poquito en tomar contacto con ese espacio calientito que todos tenemos dentro y al que pocos le hacen caso.

Para resumir este camino a la libertad o al conocimiento de ser quienes somos habría que considerar los siguientes aspectos:

1. Que tus decisiones en la vida vengan de ti y no de presiones externas.
2. Que el silencio —no entendido como ausencia de ruido, sino como un viaje al interior— esté presente varias veces al día.
3. Que aumentes las preguntas diarias que te haces frente a todas las decisiones que tomas.
4. Que te des cuenta de que permanentemente estás tomando decisiones.
5. Que selecciones continuamente a través de las preguntas con qué mandatos culturales o religiosos te quieres quedar. El miedo a dejarlos es un muy buen evaluador de lo que habría que cambiar.

6. Que te preguntes diariamente cómo anestesias tus emociones y te abras a la posibilidad de expresarlas siempre y en forma asertiva.

7. Que lo femenino y lo masculino lleguen a estar integrados dentro de ti, independientemente de tu sexo y género.

8. Estar siempre vigilante a nuestras conductas, de manera consciente y con el corazón abierto, para evitar caer en trampas tanto internas como externas.

9. Trabajar todos los días por la calma interna, el caminar lento, el respirar profundo y el conectarse con el aquí y el ahora.

10. Estar alerta a las excusas que todo el tiempo aparecerán para seguir en un estado de comodidad que no nos permitirá ver el camino.

Este camino es atreverse a correr riegos, a pagar costos, a equivocarse y a respirar profundo, con el gozo de que todo esto me libera de máscaras, pautas, mandatos y restricciones que van frenando el recorrido diario.

Hay que probar y aprender; a veces es el dolor el que nos ayuda, y otras serán el gozo y la alegría el aprendizaje necesario. Lo que está claro es que el estado de paz, tranquilidad, armonía y silencio que parece ser la felicidad, se decide y se trabaja todos los días, y ésta es la decisión que debemos tomar y la que nos acompaña a experimentar la maravillosa aventura de vivir y conocernos lo más posible.

Ésta fue la invitación que desde muchos puntos de vista intenté hacerles y mostrarles. Creo que todos los capítulos pretendieron romper una barrera, un miedo y un freno para ser quienes somos. Lo hice desde las emociones, desde el género, desde la igualdad, desde los mandatos, las culpas y los miedos; incluso desde la educación en torno a la violencia, para llegar lo más adentro de la cebolla posible; siempre habrá más en donde entrar, pero independiente de cuántas "capas" nos queden por develar, éste parece ser el camino y les agradezco haberlo compartido conmigo.

Sé que para muchos este libro queda inconcluso, y tienen razón, no tiene un fin, es como la vida y la muerte, una invitación al mundo de lo infinito. Así es el camino hacia ser libre y feliz, una aventura tan misteriosa como lo es vivir todos los días intensamente.

Una vez una persona a la que quiero mucho me dijo algo con mucha tristeza: "A mí no me educaron para ser feliz, me educaron para hacer lo correcto". Ojalá esta frase ayude a no repetir esa historia.

Piensen en estas máquinas de los centros hospitalarios que nos dicen que estamos vivos: esto se muestra en curvas que suben y bajan sin un ritmo constante y que están en permanente movimiento; esto cambia absolutamente cuando nos vamos de este plano: aparece una línea recta sin movimiento que indica que nuestro cuerpo ya no tiene vida.

Ésta es la elección que todos podemos hacer, entender que la libertad se logra con los altos y bajos y con mucho movimiento. Que lo único constante es el cambio y la incertidumbre y que no controlamos nada. Nos vamos a equivocar muchas veces, creeremos que nos escuchamos cuando estemos escuchando un miedo, nuestro ego, un mandato o tantas otras cosas; no importa, sigan, se van a ir dando cuenta de que todos los caminos los llevarán a avanzar para sacar más capas de encima. Si optan por la planicie para la que nos educan no llegarán a conocer jamás el ser que hay dentro de todos nosotros: ésta es la aventura. No tiene principio ni fin, como la vida misma.

Espero volver a encontrarlos en otra caminata, la de ustedes, la mía, da igual; al final, estamos hechos todos de lo mismo.

AGRADECIMIENTOS

En un ciclo tan difícil como el que he transitado este último tiempo y el que confío estar cerrando por lo menos desde la conciencia —porque hay elementos prácticos que todavía tienen mucho que enseñarme—, sin duda hay mucho que agradecer.

A Dios, esa energía amorosa que me hace sentir la vida misma y que me ha acompañado en lo oscuro y en lo luminoso de esta caminata.

A mi abuela de ciento dos años, por seguir cada día mostrándome su belleza y la alegría de la vida y la sabiduría que sólo dan los años.

A mi madre y a mi padre, por acompañarme y enseñarme el valor del esfuerzo y la perseverancia. También por mostrarme cómo ellos van haciendo su camino en la vida.

A mi hijo Cristian y a mi hija Nicole, quienes incluso estando a punto de volar con sus vidas, aun así me acompañan, contienen y enseñan todos los días.

A mi hermana presente y a mi hermana ausente, por los aprendizajes que cada una me entrega en cada situación.

A mis amigas del alma, las de siempre: Claudia Bloise, Sarika Rodrik, Afife Docman, Jessica Titelman, Paula Armijo, Tere Hales y Eugenia Tobal, por mencionar a algunas porque son muchas las que forman parte de mi tribu.

A mis hermanas de Temuco, a las que amo con el alma, y a mis compañeras y amigas de Viña que aparecieron de nuevo, lo que me llena de gozo. Gracias, tecnología, por permitirlo.

A mis terapeutas Carmen y Elia, por guiarme, retarme y mostrarme los caminos de la libertad. Por ayudarme permanentemente a eliminar mandatos y desenmascarar miedos.

A mi socio y amigo Pablo Pérez, y a mi socia, amiga e integrante de mi tribu, Marisa Mondino, por haber tomado mi mano en este camino. Los amo.

A Adriana, la compañera de viaje más duradera que he tenido, por estar conmigo en un año duro y darme luces para poder salir.

A mi cofradía querida, completa, generosa y cómplice. Sin ustedes no habría podido transitar por este camino. Ustedes saben quiénes son y los amo por estar.

A la editorial y, especialmente, a Gastón, Nacho y Jose, los que junto con mi querido Willie Schavelzon, me entendieron, acompañaron y ayudaron a avanzar.

A todas las personas a las que escuché, las que me contaron sus historias y participaron en esta caminata. A toda la lucha feminista que me enseñó tanto, desde la perspectiva de género y la sororidad, sobre la valentía, el amor y la unidad.

A todos y todas quienes todos los días me acompañan en el canal de YouTube, en la radio y en mis redes; a quienes me dan un abrazo en la calle, me piden una foto y valoran mi trabajo.

Quiero, finalmente, agradecer a la vida, a las bendiciones disfrazadas y a todo lo que hace que hoy sea lo que soy; estoy segura de que seguiré incansablemente trabajando para ser mejor aún.

Esta obra se imprimió y encuadernó
en el mes de diciembre de 2019,
en los talleres de Impregráfica Digital, S.A. de C.V.,
Av. Coyoacán 100–D, Col. Del Valle Norte,
C.P. 03103, Benito Juárez, Ciudad de México.